GESIS

ZUMA

Spezial Band 13

D1721400

**Mobilfunktelefonie -
Eine Herausforderung
für die Umfrageforschung**

*Siegfried Gabler
Sabine Häder (Hrsg.)*

NACHRICHTEN

Für nichtgewerbliche Zwecke sind Vervielfältigung und unentgeltliche Verbreitung, auch auszugsweise, mit Quellenangabe gestattet. Die Verbreitung, auch auszugsweise, über elektronische Systeme/Datenträger bedarf der vorherigen Zustimmung.

GESIS - Gesellschaft Sozialwissenschaftlicher Infrastruktureinrichtungen e.V.
Abteilung ZUMA (Zentrum für Umfragen, Methoden und Analysen)
Die GESIS ist eine Einrichtung der *Wissenschaftsgemeinschaft Gottfried Wilhelm Leibniz* (WGL) (www.wgl.de).

Präsident der GESIS: Prof. Dr. Wolfgang Jagodzinski

Hausanschrift	**Postanschrift**
GESIS - ZUMA	GESIS - ZUMA
B 2, 1	Postfach 12 21 55
68 159 Mannheim	68 072 Mannheim

Telefon	0621/1246 - 282
Fax	0621/1246 - 100
E-Mail	sabine.haeder@gesis.org
Internet	www.gesis.org/zuma ZUMA
	www.gesis.org/ GESIS

ISBN   978-3-924220-34-1

Druck: Druck & Kopie Hanel, Mannheim

© **GESIS - ZUMA, Mannheim, 2007**

Einleitung
Siegfried Gabler & Sabine Häder *5*

Mobilfunknutzung in Deutschland.
Eine Herausforderung für die Stichprobenbildung in der Markt- und Sozialforschung
Axel Glemser *7*

Weiterentwicklung der ADM-CATI-Auswahlgrundlagen
Christiane Heckel *25*

Gewichtung bei Erhebungen im Festnetz und über Mobilfunk:
Ein Dual Frame Ansatz
Siegfried Gabler & Öztas Ayhan *39*

Kombinierte Stichproben für Telefonumfragen - Ansätze in Europa
Hermann Hoffmann *47*

Anlage und Vorstudien des DFG-Projektes
„Telefonbefragungen in der Allgemeinbevölkerung über das Mobilfunknetz"
Götz Schneiderat & Sabine Häder *59*

„Virtuelle" Festnetznummern: „Stolpersteine" der Umfrageforschung?
Michael Schneid & Angelika Stiegler *81*

Validierung eines Fragebogens zur Erfassung der Anzahl von Telefonnummern
Gerd Meier *91*

Mobile Web Survey:
Möglichkeiten der Verknüpfung von Online-Befragung und Handy-Befragung
Marek Fuchs *105*

Autorenverzeichnis *127*

EINLEITUNG

SIEGFRIED GABLER & SABINE HÄDER

Etwa 45 Prozent aller Interviews in der Marktforschung werden in Deutschland gegenwärtig telefonisch durchgeführt (vgl. ADM 2007). Als Auswahlrahmen hat sich seit Ende der 1990er Jahre in Deutschland ein bei ZUMA entwickelter Frame (Gabler-Häder-Design) durchgesetzt, der sowohl in das Telefonbuch eingetragene wie auch nicht eingetragene Anschlüsse enthält, die über ein Ortsnetz erreichbar sind (Gabler/Häder 2002). Dieser Auswahlrahmen wurde vom ADM durch für die Schichtung geeignete Merkmale angereichert.

In den letzten Jahren hat sich allerdings eine Tendenz angedeutet, die die alleinige Nutzung dieses Auswahlrahmens als unzureichend zur Abdeckung der Gesamtheit der Privathaushalte erscheinen lässt: Ein wachsender Anteil der Haushalte ist lediglich über Mobiltelefon erreichbar. Diese Haushalte haben bei telefonischen Umfragen mit Stichproben nach dem Gabler-Häder-Design oder dem ADM-Design keine positive Auswahlchance, sofern sie nicht über eine virtuelle Festnetznummer verfügen (z. B. O2). Damit kann es zu systematischen Verzerrungen in den Stichproben kommen, da sich Festnetzhaushalte und Mobilfunkhaushalte hinsichtlich für die Sozialforschung relevanter Merkmale unterscheiden. Deshalb sind Überlegungen über die Integration von Mobilfunkanschlüssen in Telefonstichproben notwendig.

Um an der Lösung des oben genannten und damit verbundener Probleme zu arbeiten, gründete sich eine aus Wissenschaftlern in der akademischen und kommerziellen Sozialforschung bestehende Arbeitsgruppe. Am 1. März 2005 fand bei ZUMA das erste Treffen der Arbeitsgruppe MOBILSAMPLE statt, am 21. Februar 2006 traf sie sich zum zweiten Mal. Insbesondere die folgenden Probleme wurden bei diesen Treffen besprochen:

- Veränderung des Anteils exklusiver Handynutzer, deren soziodemographische Merkmale
- Konstruktion eines Auswahlrahmens für die Ziehung von Mobilfunkstichproben
- Gewichtungsmodell für die Kombination von Festnetz- und Mobilfunkstichproben

- Erfassung der telefonischen Erreichbarkeit (Zahl der Telefone)
- Veränderungen auf dem Telekommunikationsmarkt

Es wurde übereinstimmend festgestellt, dass das Problem der Telefonstichprobenbildung gegenwärtig von großer Relevanz für die Umfragepraxis ist und der intensiven Begleitung durch Stichprobenstatistiker bedarf. Deshalb wurde vorgeschlagen, Forschungsergebnisse zu diesem Thema auf einer Konferenz zu diskutieren, zu der ein größerer Personenkreis Zugang haben sollte. Diese Tagung fand am Dienstag, dem 21. November 2006 bei ZUMA in Mannheim statt und erfreute sich starken Interesses bei sowohl akademischen als auch kommerziellen Sozialforschern. Mehr als 60 Teilnehmer aus Deutschland, Österreich und der Schweiz verfolgten die Vorträge und diskutierten die aufgeworfenen Probleme. Die Beiträge im vorliegenden Band basieren auf den bei der Tagung gehaltenen Referaten.

Axel Glemser (TNS Infratest) verdeutlicht in seinem Aufsatz einleitend die Relevanz des Problems der exklusiven Handy-Nutzer. Auf der Grundlage von Daten aus einem Face-to-Face-BUS beschreibt er diese Population soziodemographisch. Christiane Heckel (BIK Aschpurwis+Behrens) stellt danach den ADM-Auswahlrahmen für Mobilfunkstichproben vor. Im folgenden Beitrag entwickeln Siegfried Gabler (GESIS-ZUMA) und Öztas Ayhan (Universität Ankara) ein Modell für die Gewichtung beim Dual Frame Ansatz für Telefonstichproben, der zur Kombination von Festnetz- und Mobilfunkstichproben genutzt werden kann. Hermann Hoffmann (Ipsos GmbH) gibt im sich anschließenden Aufsatz ein Anwendungsbeispiel dieses Ansatzes, das dessen Praxistauglichkeit belegt. Im Folgenden erläutern Götz Schneiderat (TU Dresden) und Sabine Häder (GESIS-ZUMA) Anlage und Ergebnisse der Vorstudie des DFG-Projektes „Telefonbefragungen in der Allgemeinbevölkerung über das Mobilfunknetz". In diesem Projekt ist eine Bevölkerungsbefragung geplant, bei der sowohl Festnetz- als auch Mobilfunkinhaber interviewt werden. Das Design der Erhebung ist so angelegt, dass eine Reihe der oben genannten methodischen Probleme bearbeitet werden können. Michael Schneid und Angelika Stiegler (beide GESIS-ZUMA) zeigen in ihrem Aufsatz, dass die Variabilität auf dem Telekommunikationsmarkt in der Zukunft noch zunehmen wird – was weitere Probleme für die Telefonstichprobenziehung impliziert. Eines dieser Probleme versucht Gerd Meier (Universität Lüneburg) in seinem Beitrag zu lösen. Es geht darin um die Eruierung der telefonischen Erreichbarkeit mit Hilfe der Angabe der Zahl privat genutzter Telefone. Marek Fuchs (Universität Kassel) gibt mit seinem Aufsatz schließlich einen Ausblick auf einen möglichen neuen Erhebungsmodus in der Umfrageforschung – die Mobile Web Surveys.

Wir danken Martin Horsten und Julia Khorshed für ihre Unterstützung bei der technischen Fertigstellung dieses Bandes.

MOBILFUNKNUTZUNG IN DEUTSCHLAND. EINE HERAUSFORDERUNG FÜR DIE STICHPROBENBILDUNG IN DER MARKT- UND SOZIALFORSCHUNG

AXEL GLEMSER

Abstract: *The article deals with the increasing use of mobile phones (cellular phones) in Germany with regard to the impact on probability sampling based on landline sample frames. Although the mobile penetration in the population is on a high density level the exclusive use of cell-phones and the abdication of fixed-line-telephones is quiet rare. Nevertheless the mobile-only-use has in some sub-populations reached a critical stage. In the last years research on methods of Market- und Social-Research have tried several ways of including mobile-phone-numbers in random telephone-samples. Currently a special form of random-last-digit approach, based on sophisticated reference lists not on the telephone-book, seems to be the most promising solution. Furthermore a coherent sample-design still needs to be developed in order to ensure efficient fieldwork and acceptable pricing. Last but not least the dynamic of the telecommunication sector should not be lost of track. On the one hand broadband internet connections will perhaps revitalise landline-phones. On the other hand new technical solutions will come up soon and will lead to further problems and possibilities for the future.*

1 Einleitung

Mitte des Jahres 2006 überschlugen sich die Pressemeldungen mit Erfolgsnachrichten zur Mobilfunksparte. Der Axel-Springer-Verlag prognostizierte zum Jahresende mehr als 80 Mio. Mobilfunktelefone und damit „erstmals mehr Handys als Einwohner in Deutschland"[1]. Eine zweite Studie der Universität Duisburg-Essen im Auftrag der Wirtschaftswoche kommt zum gleichen Ergebnis „Jeder Deutsche hat ein Handy – vom Baby bis zum Greis."[2]

Die rasante Entwicklung der Mobiltelefonie stellt auch die Markt- und Sozialwissenschaft vor große Herausforderungen. Die Handy-Thematik als solches mit ihren Auswirkungen auf das Alltagsleben der Menschen ist sicherlich ein Forschungsfeld per se. Dieser Gesamtprozess beeinflusst darüber hinaus aber auch manche Rahmenbedingungen der empirischen Forschung und schafft somit eine neue Gesamtsituation. Im Fokus dieses Beitrags steht daher die derzeit laufende Debatte über eine Überprüfung und gegebenenfalls Neuausrichtung grundlegender Erhebungsinstrumentarien der empirischen Forschung. Ein ganz wesentliches und etabliertes Tool aus dem empirischen Werkzeugkasten ist die Telefonstichprobe, die im Normalfall ausschließlich Rufnummern des Festnetzes beinhaltet.

In den 1980er Jahren hatte sich die telefonische Erhebungsmethode als Modus für Bevölkerungsbefragungen durchgesetzt, nachdem nahezu jeder Haushalt über einen Telefonanschluß verfügte. Nach 1990 stellte sich die Situation wiederum anders da, da die Telefondichte in den neuen Ländern nur 17 Prozent betrug. Hier konnte jedoch rapide aufgeholt werden, so daß Telefonbefragungen auch für die neuen Länder schnell valide Ergebnisse aufwiesen. Zur Jahrtausendwende ist diese klassische Frage des Coverage vor dem Hintergrund der Mobilfunkentwicklung wieder neu zu diskutieren. Alles in allem lautet die Kernfrage, ob die Telefonstichproben der Markt- und Sozialforschung, die auf einem Auswahlmechanismus basieren, der im Normalfall ausschließlich Festnetzrufnummern beinhaltet, im Jahre 2007 (noch) geeignet sind, qualitativ hochwertige Stichproben der Gesamtbevölkerung zu liefern.

Wenn Telefonstichproben in der empirischen Forschung üblicherweise als Auswahl von Festnetznummern charakterisierbar sind, dann bedeutet das, dass nicht die Zunahme der Mobilfunknutzung als solches zwangsläufig ein Problem ist, sondern nur dann, wenn dieses Wachstum parallel auch dazu führt, daß die Erreichbarkeit im Festnetz nicht mehr gegeben ist. Nicht nur die Anzahl derjenigen, die exklusiv Mobilfunk nutzen, ist dabei

---

1   Pressemitteilung des Axel-Springer-Verlags anlässlich der Veröffentlichung der Studie „Telekommunikation 2006" http://www.axelspringer.de/inhalte/pressese/inhalte/presse/5463.html
2   Siehe: http://www.golem.de/0606/45826.html

von Interesse, sondern ein zweiter Aspekt kommt hinzu: Gibt es systematische Unterschiede zwischen diesen beiden Subpopulationen und wenn ja welche? Mit diesen beiden Fragekomplexen beschäftigt sich der erste Absatz anhand von Befragungsdaten aus dem TNS Infratest Face-to-Face-Omnibus (f2f-Bus)[3].

Daran anschließend wird dargestellt, welche Lösungsansätze im Hinblick auf eine Integration der Mobilfunknummern in einen Auswahlrahmen für Telefonstichproben bislang verfolgt wurden. Die Darstellung kann auch als Chronologie der Debatte verstanden werden, welche Lösungswege bislang mit welchem Erfolg eingeschlagen wurden.

Abschließend werden einige weiterführende Aspekte angesprochen, die für die noch ausstehende Lösung des Mobilfunkproblems in Zukunft möglicherweise verstärkt relevant werden könnten. Im Wesentlichen geht es dabei um einen Versuch der Einordnung des Themas in einen größeren Horizont: dem der generellen Veränderungen der Medien und Techniken der Telekommunikationslandschaft und der rasanten Beschleunigung der veränderten Nutzung von Telekommunikation.

2   Mobilfunknutzung in Deutschland 1999-2006

Die Bundesnetzagentur weist in ihren Jahrsberichten für 2005 eine Mobilfunkdurchdringung der Bevölkerung von rund 90 Prozent aus und für 2006 sogar 100 Prozent.[4] Das Wachstum der Mobilfunknutzung in Deutschland zeigt sich auch in den Befragungsdaten des TNS Infratest f2f-Bus. Zum Jahresende 2005 werden mit der Hochrechnung dieser Befragungsdaten rund 64 Mio. Mobilfunknutzer geschätzt und damit eine Penetrationsrate von 75 Prozent der Bevölkerung ausgewiesen. Zum Jahresende 2006 spiegeln diese Befragungsdaten eine Penetration in der Bevölkerung von 76 Prozent wider. Damit zeigen diese auf Umfragedaten basierenden Werte ein deutlich niedrigeres Niveau als die Angaben der Bundesnetzagentur. Woher kommen aber diese Unterschiede?

---

3   Der f2f-Bus von TNS Infratest basiert auf einer ADM-Standard-Random-Stichprobe und wird per CAPI erhoben. Die Fallzahl beträgt ca. 30000 Interviews p.a. Siehe zum Erhebungsdesign: Behrens, K. & Löffler, U. (1999). Aufbau des ADM-Stichprobensystems. In: ADM und AG.MA (Hrsg.), Stichproben-Verfahren in der Umfrageforschung. Eine Darstellung für die Praxis (S. 69-72). Opladen: Leske & Buderich. Die Neukonzeption des ADM-Face-to-Face-Stichprobensystems wurde zum Ende des Jahres 2003 abgeschlossen und im Laufe des Jahres 2004 bei den Instituten hausintern eingeführt.

4   Siehe: http://www.bundesnetzagentur.de/media/archive/5278.pdf sowie http://www.bundesnetzagentur.de/media/archive/9009.pdf

Selbstverständlich unterliegen die Umfrageangaben den üblichen statistischen Schwankungen von Zufallsstichproben und ebenso ist hier mit Modeeffekten zu rechnen. Dennoch ergibt sich die wohl größte Differenz aus der unterschiedlichen Betrachtungsweise des Phänomens. Die Bundesnetzagentur dürfte in erster Linie die Angaben der Netzbetreibergesellschaften aufsummieren. Es ist davon auszugehen, daß diese Zahlen in erheblichem Maße Karteileichen beinhalten, die vor allem aus dem Bereich Prepaid resultieren, wo nur wenig verläßliche Kundendaten existieren. Zudem werden rein geschäftlich genutzte Mobilfunkverträge hier mitgezählt. Beiden Aspekten wird mit einer Stichprobe, die als Auswahl von Privathaushalten konzipiert ist, besser Rechnung getragen, da Aussagen getroffen werden sollen, die auf die Bevölkerung zu beziehen sind. Hier eignen sich die letztlich an Verkaufszahlen der Netzbetreiber orientierten Daten der Bundesnetzagentur nur bedingt.

Die Nutzung von Mobilfunk hat für die Stichprobenbildung der Markt- und Sozialforschung jedoch wie o.e. eine Problemkomponente ganz spezieller Natur. Die klassische Telefonbefragung basiert erstens auf einer Rufnummernstichprobe innerhalb des Festnetzes, also der klassischen Ortsnetzkennzahlen. Zweitens lässt sich das Stichprobendesign als zweistufig beschreiben. Es wird demnach zum einen mit der Rufnummer ein Haushalt ausgewählt und dann zum anderen innerhalb des Haushaltes eine Person. Daher müssen die zweifelsohne beträchtlichen Wachstumskennziffern der Mobilfunktelefonie auf zwei Fragen zugespitzt werden.

1. Welche Konsequenzen ergeben sich aus den Handyverkäufen auf der Ebene der Privathaushalte und was bedeutet dies für deren (technische) Erreichbarkeit im Festnetz?

2. Gibt es für die Stichprobenbildung relevante Unterschiede nach regionalen und/oder demographischen Kriterien in der Nutzungsverbreitung der Mobilfunk- und Festnetztelefonie?

Auf Ebene der Haushalte – was im Sinne einer Festnetzstichprobe zunächst der bessere Anknüpfungspunkt ist – wird 2006 ein Anteilswert von rund 76 Prozent der Haushalte gemessen, die über Mobilfunk verfügen. 1999 lag dieser Wert noch bei 23 Prozent. Im Jahr 2000 wurden rund 52 Prozent, in 2001 56 Prozent und in 2002 61 Prozent Mobilfunkhaushalte gemessen. Im Rahmen dieses Wachstumsprozesses nahm auch der Anteil der Haushalte, die über zwei und mehr Geräte verfügen, stetig zu.

In 2006 wurde zum Jahresende, wie in Tabelle 1 dargestellt, der Anteil der Haushalte, die nur über Mobilfunk erreichbar sind und keinen Festnetzanschluss (mehr) haben, mit 7,6 Prozent ausgewiesen. Seit dem Jahr 2000 stieg dieser Anteil nur sehr geringfügig an, hingegen betrug dieser Wert 1999 noch 1,6 Prozent! Im gleichen Zeitraum sanken sowohl der Anteil der Haushalte, die über Festnetz erreichbar sind, sowie der Anteil der Haushalte, die gar nicht über einen Telefonanschluß verfügen. Im Gesamtbild ist auch hier die deutlichste Veränderungsrate zwischen 1999 und 2000 festzustellen.

Tabelle 1:   Haushalte und Personen nach Telefonanschluss

Haushalte in %	Erhebungsjahr							
	1999	2000	2001	2002	2003	2004	2005	2006
Festnetzanschluss	95,2	93,3	92,8	92,4	92,9	91,1	90,6	90,2
nur Mobilfunk	1,6	3,6	5,0	5,8	5,5	7,4	7,8	7,6
Telefonhaushalte insg.	96,8	96,9	97,8	98,2	98,4	98,5	98,4	97,8
kein Telefonbesitz	3,2	3,1	2,2	1,8	1,6	1,5	1,6	2,2

Personen in %	Erhebungsjahr							
	1999	2000	2001	2002	2003	2004	2005	2006
Festnetzanschluss	96,5	94,9	94,5	94,1	94,4	93,0	92,6	92,5
nur Mobilfunk	1,3	2,7	3,9	4,5	4,4	5,9	6,4	5,9
Telefonhaushalte insg.	97,8	97,6	98,4	98,6	98,8	98,9	98,9	98,4
kein Telefonbesitz	2,2	2,4	1,6	1,4	1,2	1,1	1,1	1,6

Quelle: TNS Infratest f2f-Bus, n=30000 (p.a.) haushalts- und personengewichtete Angaben

Die beeindruckenden Wachstumsraten der Mobilfunknutzung führen nicht im gleichen Maße zum Rückgang in der Verbreitung des Festnetzes. Nur ein Bruchteil der Mobilfunknutzer verzichtet auf einen Festnetzanschluss. Gleichwohl wächst auch diese Gruppe im

Laufe der Jahre an und erreicht eine kritische Marke. Die Einkommens- und Verbrauchs-
stichprobe des Statischen Bundesamtes (EVS) weist für 2003 rund 4 Prozent exklusive
Mobilfunkhaushalte auf – ein Beleg dafür, daß sich die Angaben des hier vorgestellten
Instrumentes auf dem richtigen Niveau bewegen.[5]

Die Anteile der reinen Mobilfunkhaushalte wie auch der Haushalte ohne Telefonanschluß
weisen in Ostdeutschland überdurchschnittliche, in Westdeutschland dagegen unterdurchschnittliche Werte auf. Das Ausmaß dieses Musters ist 2006 wesentlich ausgeprägter als
dies in allen vorangegangenen Jahren der der Fall war. Spitzenwerte nehmen 2006 Berlin,
Brandenburg, Mecklenburg-Vorpommern und Sachsen-Anhalt mit Anteilswerten von
jeweils mehr als 10 Prozent ein.

Tabelle 2:   Haushalte nach Telefonanschluss und Region

Haushalte in %	1999			2006		
	Gesamt	West	Ost	Gesamt	West	Ost
Festnetzanschluss	95,2	96,0	92,3	90,2	92,5	83,1
nur Mobilfunk	1,6	1,3	2,8	7,6	5,6	13,7
Telefonhaushalte insg.	96,8	97,3	95,1	97,8	98,1	96,8
kein Telefonbesitz	3,2	2,7	4,9	2,2	1,9	3,2

Quelle: TNS Infratest f2f-Bus, n=30000 (p.a.) haushaltsgewichtet, West inkl. Westberlin, Ost inkl. Ostberlin

Eine Auswertung der hier vorgestellten Telefonanschlußtypen nach weiteren demographischen Angaben liefert einige Hinweise darauf, welche Personen verstärkt nur Mobilfunk
nutzen und somit in den festnetzbasierten Stichproben unterrepräsentiert sind. Wie in
Tabelle 3 dargestellt, handelt es sich vor allem um Personen im Alter zwischen 20 und 29
Jahren, die verstärkt nur das Handy nutzen. Dem gegenüber zeichnen sich Personen über
50 durch eine geringe Affinität zum Mobilfunk aus. Zudem sind die exklusiven Mobilfunknutzer eher Männer als Frauen.

---

5   Siehe: http://www.destatis.de/presse/deutsch/pm2004/p2210024.htm

Tabelle 3:   Telefonnutzung und Demographie

Personen in %	Demographie 2006							
	Geschlecht		Alter					
	M	F	14-19	20-29	30-39	40-49	50-59	60++
Deutschland insg.	48,4	51,6	7,8	12,5	16,3	18,8	14,2	30,4
Festnetzanschluss	47,8	52,2	7,6	10,8	15,9	19,0	14,6	32,0
nur Mobilfunk	56,0	44,0	11,3	35,7	21,5	16,2	8,3	7,0
Telefonhaushalte insg.	48,3	51,7	7,8	12,4	16,3	18,8	14,2	30,5
kein Telefonbesitz	53,9	46,1	8,7	23,0	17,9	18,7	10,4	21,1

Quelle: TNS Infratest f2f-Bus, n=30000 (p.a.), personengewichtete Angaben

Aus Tabelle 4 wird deutlich, daß die reinen Mobilfunkhaushalte eher ein niedriges Einkommensniveau haben. Spiegelbildlich verhält es sich mit dem Kriterium des formal höchsten Bildungsabschlusses. Personen mit niedrigeren Bildungsabschlüssen und ohne Abschluss zählen eher zur Gruppe der exklusiven Mobilfunknutzer (Tabelle 5).

Tabelle 4:   Telefonnutzung nach monatlichem Haushaltsnettoeinkommen

Personen in %	Einkommen 2006							
	< 750	< 1550	< 2000	< 2500	< 3000	< 4000	< 5000	> 5000
Deutschland insg.	9,0	28,5	18,9	14,7	10,8	11,5	2,9	3,5
Festnetzanschluss	6,1	27,5	19,4	15,7	11,6	12,5	3,2	3,8
nur Mobilfunk	34,7	37,7	14,8	6,6	2,7	2,4	0,4	0,5
Telefonhaushalte insg.	8,3	28,3	19,1	15,0	10,9	11,8	3,0	3,6
kein Telefonbesitz	41,6	40,4	9,6	4,3	2,5	0,9	0,1	0,2

Quelle: TNS Infratest f2f-Bus, n=30000 (p.a.), personengewichtete Angaben

Tabelle 5:   Telefonnutzung nach formal höchstem Bildungsabschluss des Befragten

Personen in %		Bildung 2006				
	ohne Abschluss	Schüler	Volks- und Haupts.	mitt. Reife / POS	Abitur / (Fach)- Hochs.	k.A.
Deutschland insg.	1,8	4,4	36,9	33,6	23,1	0,2
Festnetzanschluss	1,6	4,6	36,5	33,4	23,8	0,1
nur Mobilfunk	3,4	2,9	39,2	37,7	16,0	0,7
Telefonhaushalte insg.	1,7	4,5	36,7	33,7	23,3	0,2
kein Telefonbesitz	6,3	2,2	52,9	29,0	9,6	0,0

Quelle: TNS Infratest f2f-Bus, n=30000 (p.a.), personengewichtete Angaben

Insgesamt ist festzuhalten, daß die technische Erreichbarkeit der Haushalte im Festnetz weitaus besser ist, als die Erfolgsgeschichte der Mobilfunknutzung zunächst nahe legen würde. Die Nutzung von Mobiltelefonen führt nicht zwangsläufig zur Aufgabe des Festnetzanschlusses. Die erdrutschartige Zunahme in den Jahren 1999-2004 scheint 2005 und 2006 leicht zu stagnieren. In wie weit eine solche Entwicklung auch durch die Zuwächse der privaten Internetanschlüsse gebremst wird, die derzeit überwiegend noch auf einem Festnetzanschluß basieren, von welchem dann eben auch telefoniert werden kann, wird später weiter diskutiert.

Gleichwohl ist ein Aspekt der momentanen Situation besonders kritisch: Die Mobilfunknutzung ist kein gleichmäßig verteiltes Phänomen. Hierbei gibt es eine regionale und eine strukturelle Komponente. Besonders bei Schwerpunktstudien – sei es z.B. bei einer Untersuchung in einzelnen Regionen der Neuen Länder oder z.B. bei einer Studie, die sich ausschließlich an Jugendliche wendet – gilt es dies zu berücksichtigen.

3   Telefonstichproben und Mobilfunknummern

In den letzten Jahren wurden verschiedene Wege diskutiert und teilweise auch beschritten, um die verstärkte Mobilfunknutzung in den Stichproben der Markt- und Sozialforschung zu berücksichtigen. Eine mit vertretbarem Aufwand und zu finanzierbaren Kosten realisierbare Standardlösung steht leider noch aus. Zur Konstruktion eines Auswahlrahmens für Mobilfunkstichproben sind bisher vier Ansatzpunkte aufgegriffen worden:

3.1   Verwendung von Kundendaten

Wieder verworfen wurde die Idee, auf den Kundenstammdaten der Netzbetreibergesellschaften aufzubauen. Die gesetzlichen Bestimmungen schieben der Nutzung solcher personenbezogener Daten einen Riegel vor. Darüber hinaus herrschen Zweifel vor, in wie weit dabei die Prepaidtelefonie korrekte Berücksichtigung hätte finden können, da hier mit hoher Wahrscheinlichkeit weit weniger Kundendaten vorliegen.

3.2   Accesspanel

Nicht unüblich in der Marktforschung – für sozialforscherische Studien jedoch weitaus skeptischer zu beurteilen – ist der Accesspanel-Ansatz. Befragungsbereite Personen in einer Liste vorzuhalten, erscheint schnell einleuchtend – allerdings: Woher sollen diese Personen kommen? Mit diesem Vorgehen wird die Problematik also nur verschoben auf die Frage der Panelrekrutierung, Panelpflege und Panelkomposition.

3.3   Listenwahl aus Telefonbüchern

In den öffentlich zugänglichen Telefonbüchern finden sich auch Einträge mit Mobilfunknummern. Eine solche Auswahlliste kann unmöglich für alle Mobilfunkteilnehmer ein valides Abbild liefern, da die Anzahl der Einträge im Vergleich zu den publizierten und/oder geschätzten Teilnehmerzahlen des Mobilfunks viel zu gering ist. Unregelmäßigkeiten beim Eintragsverhalten führen zu leider unkontrollierbaren Verzerrungen. Beispielsweise fällt auf, daß es sich bei Mobilfunkeinträgen in vielen Fällen auch um Zweitnennungen von Personen handelt - zusätzlich zur Ortsnetznummer.

3.4   Rufnummerngenerierung

Schließlich ist zur Bildung einer Auswahlgrundlage auch an die Generierung von Rufnummern zu denken. Dies ist prinzipiell möglich; entweder als rein zufällig generierte Zahl mit entsprechender Ziffernlänge (freie Generierung) oder als Randomize-Last-Digits-Verfahren auf Basis der im Telefonbuch verzeichneten Einträge. Diese Modelle

haben gegenüber den anderen genannten Ansätzen den Vorteil, nicht a priori die Auswahlchancen bestimmter Personen auf Null zu setzen, da weder das Vorhandensein eines
Eintrags noch die Erfolgschancen der Rekrutierung eine Rolle spielen. Allerdings führen
beide Verfahrensweisen in eine Sackgasse. Bei der eintragsbasierten Generierung werden
viel zu wenig Rufnummern erzeugt. Die Zahl der produzierten Rufnummern liegt sogar
niedriger als die Teilnehmerzahlen im Mobilfunk. Die freie Generierung, also die Bildung
einer Zufallszahlenkette mit vorgegebener Kettenlänge führt zu vielen Rufnummern, was
große Ineffizienzen in der Feldarbeit mit sich bringt.

Die Kunst bei der Modellierung des Verfahrens besteht also darin, eine sinnvolle Größe
für den Auswahlrahmen zu finden – zwischen der eintragsbasierten und der total freien
Generierung. Es erscheint klar, daß ein solcher Ansatz nur mit Zusatzwissen gelingen
kann.

3.5 Gestützte Generierung

Solches Zusatzwissen konnte gefunden werden. Die sog. „Gajekliste" dokumentiert die
im Mobilfunkbereich vergebenen Blöcke. Damit läßt sich also vorab entscheiden, welche
Blöcke überhaupt generiert werden müssen und welche nicht.[6] Im Rahmen der jährlichen
Aktualisierung des ADM-Telefonstichprobensystem werden seit einigen Jahren auch
Mobilfunknummern separat generiert. In den Jahren 2001 bis 2004 basierte das Generie-
rungsverfahren auf den Telefonbucheinträgen. Parallel dazu gab es bei einigen Instituten
Versuche mit völlig freien Rufnummerngenerierungen. Schließlich werden seit 2005 die
Informationen der Gajekliste seitens der ADM-Telefonstichproben-Arbeitsgemeinschaft
verwendet. Die Erfahrungen zu diesem Mobilfunknummernpool sind gemischt. Der Coverage ist in Ordnung und die Qualifizierung nach Provider und Pre- vs. Postpaid ist gut.
Dennoch führt dieses Verfahren mit Generierung auf der Referenzliste auch zu einem
größeren Anteil Rufnummern, die nicht genutzt sind, und mündet daher in forschungs-
ökonomische Schwierigkeiten für die Feldarbeit.[7]

---

6   http://www.gajek.de/
7   Vgl. zur ADM-Auswahlgrundlage für Mobilnummern den Beitrag von Christiane Heckel in
     diesem Band.

3.6 Stichprobendesign

Um Mobilfunkstichproben nutzen zu können, braucht es zweierlei. Erstens eine adäquate Auswahlgrundlage und zweitens eine Stichprobenstrategie, die zu erwartungstreuen Schätzern führt. Die im vorangegangenen Abschnitt erläuterten Punkte verdeutlichen, dass in den letzten Jahren zum ersten Aspekt Fortschritte erzielt werden konnten. Weiterhin soll aufgezeigt werden, welche Schritte hinsichtlich der Modellierung eines Stichprobendesigns unternommen wurden.

Prinzipiell ist denkbar, konventionelle Festnetzstichproben mit Mobilfunknummern zu ergänzen: Die Schwierigkeit dabei ist, genau solche Personen im richtigen Ausmaß mit Mobilfunknummern in einer Bruttostichprobe zu haben, die via Festnetz nicht zu erreichen sind. Ein solches Stichprobenmodell erfordert jedoch auch die Klärung, wie die Mobilfunkinterviews (als Personenstichprobe!) mit den Festnetzinterviews (als Haushaltsstichprobe!) in einem Gesamtdatensatz verrechnet werden können. Insbesondere müsste das Problem der Korrektur unterschiedlicher Auswahlchancen gelöst werden. Alternativ könnte eine Telefonstichprobe auch als Mobilfunkstichprobe unter Zunahme einiger Festnetznummern anlegt werden. Abbildung 1 verdeutlicht diese verschiedenen „Zugangswege". Ein Punkt bedarf der besonderen Erläuterung. Schon heute kann mit einer Festnetzstichprobe ein Mobiltelefon erreicht werden. Von normalen Weiterleitungen abgesehen, gibt es von allen Mobilnetzbetreibern spezielle Vertragsoptionen, zum vergünstigten Telefonieren in der eigenen Wohnung (T-Home, Vodafone-zuhause, O2-Homezone). Bei diesen Angeboten wird neben der Mobilnummer auch eine Festnetznummer zugeteilt. Solche hybriden Nummern sind Bestandteil der ADM-Auswahlgrundlage für Telefonstichproben. Dennoch liegt aus heutiger Sicht die Zukunft auf jeden Fall in einem kombinatorischen Stichprobendesign. Die Überlegungen von Siegfried Gabler und Öztas Ayhan zur Berechnung der Designgewichte in einem „Dual Frame Ansatz" und erste Umsetzungsversuche in der Institutspraxis sind vielversprechend. In wie weit dieses Modell forschungsökonomisch umsetzbar ist, bedarf noch weiterer Überprüfung.[8]

---

8   Vgl. hierzu die Beiträge von Siegfried Gabler & Öztas Ayhan und Hermann Hofmann in diesem Band.

Abbildung 1: **Telefonstichproben aus kombinierten Auswahlgrundlagen**

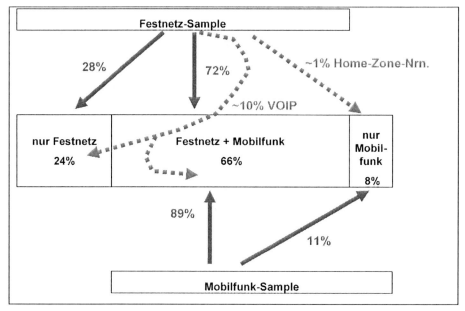

Quelle: eigene Darstellung

In einem kombinatorischen Stichprobenansatz stellt sich des Weiteren die Frage, wie die Auswahl der Rufnummer gestaltet werden kann. Im Rahmen einer ADM-Telefonstichprobe werden die Festnetznummern als stratifizierte Zufallsauswahl selektiert. Regionale Kriterien (Bundesländer, Regierungsbezirke, Kreise) und Ortsgrößenklassen dienen als Schichtungsvariablen. Dies setzt vorab eine räumliche Verortung der Rufnummern auf Gemeindeebene voraus. Eine solche räumliche Lokation generierter Mobilfunknummern ist bisher nicht sinnvoll machbar. Darüber hinaus stellt aber gerade die Mobilität – also die Loslösung des Anschlusses von einem fest definierten geographischen Punkt – das Konzept der Flächenstichprobe in Frage, so dass unter Umständen andere Schichtungskriterien zu suchen sind. Bislang sind hier nur Angaben zum Mobilfunknetz selbst rein technisch umsetzbar. In wie weit diese Kriterien auch sinnvoll sind und zu einer Verbesserung der Schätzer führen, konnte noch nicht nachgewiesen werden.

Mit dem Verzicht auf regionale Zusatzkennzeichen zur Rufnummer geht jedoch der Verlust einer, Studien mit regionalem Fokus durchzuführen. Entsprechende Filtermöglichkeiten fehlen für die Bruttostichprobe. Regionale Schwerpunktstudien sind also nur mit enormen Screeningaufwand und vielen Fehlkontakten verbunden – praktisch also kaum mehr durchführbar. Weiterhin wird bei ADM-Festnetzstichproben aus den Einträgen anhand von Schlüsselbegriffen ein Kennzeichen gesetzt, wenn es sich um einen gewerblichen Eintrag handelt. Diese Rufnummern werden bei der Ziehung ausgeschlossen. Im Mobilfunkbereich ist dies praktisch kaum möglich – eine Mobilfunkstichprobe wird daher immer einen erheblichen Teil rein geschäftlicher Rufnummern umfassen, die dann in der Feldarbeit zu Fehlkontakten führen.

Diese zusätzlichen Aspekte sind nicht unwichtig, weil sie unmittelbar Kosten- und Qualitätsaspekte berühren. Es ist unbestritten, daß die Hinzunahme von Mobilfunknummern in die Stichprobe auf der einen Seite zu einer Verbesserung des Coverage führen kann. Auf der anderen Seite jedoch fallen somit für einen Bruchteil der Nettostichprobe beträchtliche Mehrkosten an und die Qualität dieses Teils der Stichprobe liegt deutlich unter dem etablierten Standard des Festnetzbestandteils. Hier muss bis auf weiteres von Fall zu Fall abgewogen werden, ob sich Zusatzaufwand und Zusatzkosten wirklich für die betreffende Studie lohnen – auch im Hinblick auf das erzielte Qualitätslevel.

3.7 Stichprobenrealisierung

Stehen diese konzeptionellen Fragestellungen in engem Zusammenhang mit der Frage nach der Verfügbarkeit des benötigten Datenmaterials, so gibt es daneben noch eine Reihe technischer und praktischer Probleme, die im Rahmen der Feldarbeit mit Mobilfunknummern zu beachten sind.

- Die geringe Eintragsdichte führt zu sehr hohen Bruttoansätzen, so daß nur bedingt forschungsökonomisch gearbeitet werden kann. Ferner müssen die Autodialer speziell konfiguriert werden, da je nach Netzbetreiber unterschiedliche Signale zurückgemeldet werden. Hier erschwert die Rufnummernportabilität[9] die korrekte Zuordnung der zurückgemeldeten Digitalcodes.
- Ferner kann der Autodialer Voicemailboxen nur bedingt erkennen und legt diese teilweise den Interviewern vor. Angesichts hoher Anteile von inaktiven Voiceboxen im Prepaid-Bereich ist dies ein weiteres Hindernis für effektive Feldarbeit. Sofern bei solchen Voiceboxen nur die Standardansage des Providers geschaltet ist, kann nicht einmal zweifelsfrei entschieden werden, ob dies eine genutzte Ruf-

---

9   Unter Rufnummernportabilität wird die Mitnahme der ursprünglichen zugeteilten Mobilfunknummer einschließlich der Netzkennzahl beim Wechsel des Providers verstanden. Das bedeutet, daß sich unter einer Nummer, die mit 0171 beginnt, nicht unbedingt eine Nummer im Netz von T-Mobile verbirgt, sondern es könnte sich genauso gut um einen Anschluss im Vodafonenetz handeln. Über das Ausmaß der Rufnummernportabilität gibt es nur wenige Erkenntnisse.

nummer ist, die später wieder vorgelegt werden sollte, weil sie nur temporär nicht erreicht werden kann, oder ob es sich um einen nicht genutzten Anschluss und somit um einen endgültigen Ausfall handelt.

- Zur Teilnahmebereitschaft von Zielpersonen, die auf dem Handy angerufen werden, gibt es bislang nur wenig systematische Kenntnisse.[10]
- Der Vollständigkeit halber muss abschließend konstatiert werden, daß auch das Studienbudget stärker belastet wird, wenn in den Mobilfunknetzen telefoniert wird. Die Kosten für mobile Verbindungen liegen im Allgemeinen deutlich über dem Festnetzniveau. Zudem müssen weitere Kosten eingeplant werden für den Fall, dass der Zielperson durch Roaming entsprechende Unkosten entstanden sein sollten.

4   Telekommunikationsausstattung der Haushalte in Deutschland

Nachdem die Mobilfunkbranche bisher eine enorme Wachstums- und Erfolgsgeschichte hinter sich gebracht hat, zeigen sich nun erste Anzeichen, daß dieser Markt in eine erste Saturierungsphase eintritt. Gleichsam schienen die jährlichen Zuwächse bei der für die Markt- und Sozialforschung so kritischen Gruppe der reinen Mobilfunkhaushalte leicht zu stagnieren. Die vorliegenden Daten können noch keinen harten Trend belegen und allenfalls Indizien für die These liefern. Dennoch kann aufgrund dieser Befunde weitergefragt werden: Gibt es denn auch zusätzliche Hinweise und Erkenntnisse, die diese These eventuell stützen? Solche zusätzliche Indizien finden sich dann, wenn die Mobilfunktelefonie nicht singulär betrachtet wird, sondern vor dem Hintergrund der gesamten Telekommunikationslandschaft, die insgesamt in den letzten Jahren starken Wandlungsprozessen unterworfen ist.

Vor diesem erweiterten Horizont geraten zwei Schlagworte ins Blickfeld, die auch die Mobilfunkausstattung der Haushalte mit beeinflussen: Schneller Breitbandzugang für das Internet (DSL) und Internettelefonie! Im Laufe des Jahres 2006 wuchs die Zahl der in privaten Haushalten vorhanden Internetzugänge um 3,8 Prozentpunkte an auf knapp 50 Prozent. Im gleichen Zeitraum nahmen die DSL-Anschlüsse um 6,1 Prozentpunkte zu auf knapp 30 Prozent. Ebenfalls wuchs die Nutzung von Voice-over-IP (VOIP) um knapp 3 Prozentpunkte an auf 12,7 Prozent (siehe Abbildung 2). Dieser Wert paßt sehr gut zu den veröffentlichten Angaben der Bundesnetzagentur. Im Jahresbericht 2005 wird ausgewiesen, daß 27 Prozent der Haushalte über einen DSL-Anschluß verfügen. Diese Indizien

---

10   Vgl. dazu den Beitrag von Götz Schneiderat & Sabine Häder in diesem Band.

legen die Überlegung nahe, dass die neuen schnelleren Internzugänge dazu führen, dass der Trend zur Aufgabe des Festnetztelefons gedämpft wird. Zu einem vergleichbaren Schluß gelangt auch die Bundesnetzagentur: „Das Festnetz, das im Sprachbereich durch günstige Mobilfunkangebote herausgefordert wird, hat jedoch durch die DSL-Technologie eine Renaissance erlebt und verfügt über einen lebendigen und bei Weitem noch nicht ausgeschöpften Wachstumsmotor".[11]

Abbildung 2:   Telekommunikationsausstattung der Privathaushalte im Jahr 2006

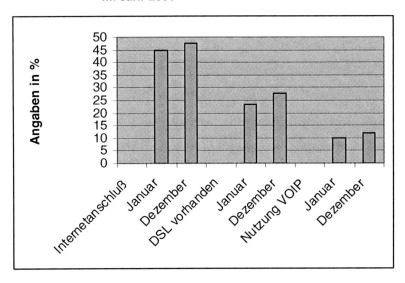

Quelle: TNS Infratest f2f-Bus, n=30000 (2006), haushaltsgewichtete Angaben

Von einem substantiellen Umschwung zu sprechen, erscheint gleichwohl viel zu früh und unrealistisch. Vielmehr muss damit gerechnet werden, daß im Rahmen der Entbündelung von Festnetz und Internetzugang der DSL-Trend nicht notwendigerweise auf Dauer die Festnetztelefonie am Leben erhält. So besehen haben die Stichprobenstatistiker der Markt- und Sozialforschung in 2006 nur eine kleine Verschnaufpause erhalten. Andererseits könnten jedoch zukünftige Wachstumsprozesse im Bereich VOIP dazuführen, daß Festnetznummernstichproben immer noch sinnvoll bleiben. Aber nur unter der Bedingung,

---

11 Siehe http://www.bundesnetzagentur.de/media/archive/5278.pdf

daß die VOIP-Betreiber ihre Rufnummern tatsächlich im Ortsnetzbereich vergeben und nicht „eigene" örtlich unabhängige Vorwahlen zugeteilt bekommen. Leider ist hier bislang keine einheitliche Vergabepraxis zu erkennen und es gibt beide Fälle: VOIP-Nummern mit eigener „Vorwahl" und VOIP-Nummern, die in die herkömmlichen Ortsnetze eingegliedert sind.

In wie weit die dargelegten Befunde im Hinblick auf die Mobilfunkproblematik der Telefonstichproben der Markt- und Sozialforschung wesentliche Verbesserung einleiten, kann durchaus unterschiedlich bewertet werden. Jedoch zeigen diese Ergebnisse zwei Aspekte ganz deutlich: Eine Lösung des Telefonstichprobenproblems wird erstens nicht möglich sein, wenn nur Festnetz- und Mobilfunknetz singulär betrachtet werden. Zweitens stellt die rasante Entwicklungsgeschwindigkeit des Telekommunikationssektors eine besondere Herausforderung dar: Eine wirkliche Zukunftslösung muß nicht nur akzeptable Kosten für die Feldarbeit aufweisen – das Hauptproblem aller derzeitigen Lösungsangebote - sondern vielmehr sollte eine Lösung auch einigermaßen dauerhaft tragfähig sein und nicht übermorgen von Innovationen wieder überrollt werden. Gerade in diesem Marktspektrum ist das eine schwere Aufgabe. Möglicherweise müssen im Rahmen eines solchen Lösungsprozesses viele heute übliche Ansichten über Bord geworfen werden. Denkbar erscheint auch, daß die heutigen Befragungsmodi CAPI, CATI und Mail verschmelzen, wenn mit Hilfe von mobilen PDAs, die wie Telefone angerufen werden können, Zielpersonen selbst entscheiden, ob Sie per Atavar durch ein Interview geführt werden, oder den Fragebogen mit Spracherkennungen beantworten, oder lieber doch zu einem elektronischen Stift greifen.[12] Viele solcher Entwicklungen erscheinen im Bereich des Möglichen. Hier ist zweifelsohne ein Forschungsfeld mit viel Innovationspotential, das viele Betätigungsfreiräume bietet. Wichtig dabei für den Methodiker ist nicht, technische Detailverliebtheit auszuleben, sondern die klassischen Fragen im Hinblick auf Bevölkerungsstichproben auch hier kritisch zu diskutieren:

1. Ist die technische Erreichbarkeit ausreichend gegeben, so daß Coverage-Probleme vernachlässigbar sind?

2. Wie gestaltet sich die Teilnahmebereitschaft der Zielpersonen auf diesem Modus?

3. Kann eine hinreichend adäquate Auswahlgrundlage geschaffen werden?

4. Ist ein Stichprobendesign mit bekannten Inklusionswahrscheinlichkeiten umsetzbar?

---

12 Vgl. hierzu den Beitrag von Marek Fuchs in diesem Band

Viel Diskussionsstoff also für heute, morgen und übermorgen. Angesichts der nächsten möglichen Innovationswelle auf dem Telekommunikationssektor um das sogenannte „Triple Play" kommt bestimmt keine Langeweile auf.

WEITERENTWICKLUNG DER ADM-CATI-AUSWAHLGRUNDLAGEN

CHRISTIANE HECKEL

Abstract: Das ADM-CATI-Telefonstichprobensystem[1] verwendet das Gabler-Häder-Verfahren zum Generieren von Rufnummern, um auch nicht-eingetragene Telefonanschlüsse in der Auswahlgrundlage zu berücksichtigen. Das Generierungsmodell für CATI-Stichproben konnte in den letzten zwei Jahren durch die Erschließung neuer Quellen sowohl im Bereich des Mobilfunks als auch im Festnetz erweitert und verbessert werden. Dieser Beitrag soll für beide Netzarten die Änderungen in der Erstellung der ADM-CATI-Auswahlgrundlagen darstellen und die Notwendigkeit einer Kombination von Festnetz- und Mobilnetzstichproben thematisieren.

1   Mobilnetz

Die größte Schwachstelle im Bereich der Nummerngenerierung bei Mobilnetznummern war bisher die völlig unterdurchschnittliche Eintragdichte.

Abbildung 1:   **Entwicklung der Teilnehmerzahl im Mobilnetz**

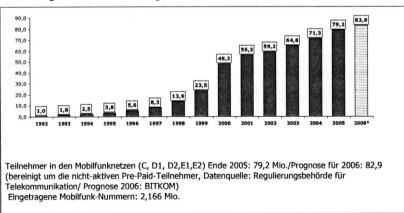

Teilnehmer in den Mobilfunknetzen (C, D1, D2,E1,E2) Ende 2005: 79,2 Mio./Prognose für 2006: 82,9 (bereinigt um die nicht-aktiven Pre-Paid-Teilnehmer, Datenquelle: Regulierungsbehörde für Telekommunikation/ Prognose 2006: BITKOM)
Eingetragene Mobilfunk-Nummern: 2,166 Mio.

---

1   ADM Arbeitskreis Deutscher Markt- und Sozialforschungsinstitute e. V. Im Rahmen des ADM sind es die Mitglieder der Stichprobengemeinschaften F2F und CATI, die die Auswahlgrundlagen erarbeiten und nutzen dürfen.

Die Versorgung der Bevölkerung Deutschlands mit Handys liegt laut Bundesnetzagentur (Bundenetzagentur, (2005)) inzwischen über 100%. Rein rechnerisch verfügt also inzwischen jeder Deutsche über mindestens ein Handy. In deutlichem Kontrast dazu steht die Zahl der in öffentlich zugänglichen Verzeichnissen eingetragenen Handynummern mit 2,17 Mio. Für 97% der Rufnummern liegen keine Einträge vor.

Das bisherige Vorgehen bestand darin, entweder sämtliche theoretisch möglichen Rufnummern in einem Netz zu generieren („Boosting"), also alle 8-stelligen Rufnummern von 00000001 bis 99999999, oder nach dem Gabler-Häder-Verfahren auf Basis der eingetragenen Rufnummern in sog. „Hunderter-Blöcken" Rufnummern zu generieren. Beim „Boosting" wurde massiv überschätzt, beim Generieren auf Basis der Einträge im Hunderterblock massiv unterschätzt.

Das neue Vorgehen verbindet die Vorgehensweisen aus beiden Verfahren. Man löst sich von der Hunderterstruktur der Rufnummernblöcke, denn im Mobilnetz arbeitet man besser auf 100.000er Block-Ebene.

Pro Netz werden jetzt alle theoretisch vergebenen Blöcke auf Basis von **100.000er**-Blöcken angelistet (s. Tab. 1).

Um Überschätzungen zu vermeiden, werden aber nur die Blöcke generiert, die auch tatsächlich Einträge aufweisen, und die nicht für Mobilboxen, technische Sperren oder Sonderservices freigehalten werden[2]. Bei den Einträgen empfiehlt es sich auch, im Internet nach Nummernstämmen zu recherchieren. Im Schnitt erhält man über diesen Weg Informationen, die es sinnvoll machen, nur rund 64 % aller möglichen Blöcke tatsächlich zu generieren.

Zusätzlich erhalten alle 100.000-Blöcke, soweit vorhanden, zusätzliche Kennungen, wie z.B. ob es sich um einen Nummernblock vor allem für Prepaid-Karten handelt, so dass diese Blöcke ggf. in einer Stichprobe abgefiltert werden können. (vgl. Abb. 2)

Durch die Aufhebung der Beschränkung nur auf Basis aller ins Telefonbuch **eingetragenen** Rufnummern auf 100er-Block Ebene die restlichen Rufnummern zu generieren, vermeidet man eine Unterschätzung.

In der praktischen Umsetzung wird pro Vorwahl eine Grundtabelle erstellt, die Informationen zum Netzbetreiber, dem Mobilserviceprovider, der Angebotsart (Prepaid, Prepaid-Discounter, Postpaid, HomeZone) und zur Eintragsentwicklung enthält.

---

2 Als hilfreich hat sich dabei die sog. „Gajek-Liste" erwiesen, die eine Zuordnung von Blöcken im Mobilbereich zu Anbietern vornimmt. (http://www.gajek.de/)

Tabelle 1:   **Ausschnitt der Generierungsvorgabe im Netz 0163- eplus**

e·plus⁺
e·plus

Rufnummernlänge grundsätzlich: 7-Stellen, d.h. wir generieren 100.000 Blöcke

Vorwahl	Blöcke	generieren? Ja	Bermerkung	Blockkennzeich	Code	GfK-Ausschlus	Einträge 2005	Einträge 2006
0163	00xxxxx					Sperre		
0163	01xxxxx					Sperre		
0163	02xxxxx					Sperre		
0163	03xxxxx					Sperre		
0163	04xxxxx					Sperre		
0163	05xxxxx					Sperre		
0163	06xxxxx					Sperre		
0163	07xxxxx					Sperre		
0163	08xxxxx					Sperre		
0163	09xxxxx					Sperre		
0163	10xxxxx					Sperre	1	0
0163	11xxxxx					Sperre		0
0163	12xxxxx					Sperre		0
0163	13xxxxx					Sperre		0
0163	14xxxxx	1			300000			3
0163	15xxxxx	1			300000			3
0163	16xxxxx	1		Simyo (Prepaid-I	312015			42
0163	17xxxxx	1		Simyo (Prepaid-I	312015			1
0163	18xxxxx	1			300000			2
0163	19xxxxx					Sperre		
0163	20xxxxx	1			300000		332	334
0163	21xxxxx	1		free & easy (Pre	300003		99	126
0163	22xxxxx					Sperre		
0163	23xxxxx	1			300000		81	375

Insgesamt ergeben sich durch diese Art der Generierung 163,3 Mio. Handy-Nummern, die 259 Mio. theoretisch vergebenen Rufnummern gegenüberstehen. Generiert werden also nur rund 64% aller theoretisch vorhandenen Rufnummern.

Abbildung 2:   **Ausweitung der Generierungsbasis der Auswahlgrundlage**

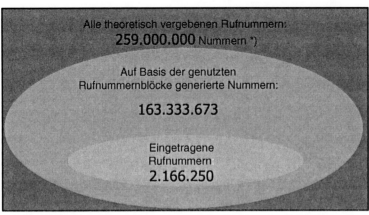

Alle theoretisch vergebenen Rufnummern:
259.000.000 Nummern *)

Auf Basis der genutzten
Rufnummernblöcke generierte Nummern:

163.333.673

Eingetragene
Rufnummern
2.166.250

*) im Netz 0176 vergibt O2 8-stellige Rufnummern, obwohl nur 7-stellige RNB beantragt bei RegTP

Damit entsteht eine Auswahlgrundlage, die dem Anwender Differenzierungen neben dem Netz auch nach Angebotsarten ermöglicht.

Tabelle 2: Zusammensetzung der ADM-Mobil-Auswahlgrundlage 2006

Betreiber	zugeteilt seit wann?	Länge der Nummern (max.)	Gesamt-volumen Rufnummern	Anzahl Nummern in Sperrblock	Anzahl Rufnummern gesamt	davon: Anzahl Einträge	davon: Generierte Rufnummern	Anzahl Rufnummern in Prepaid-	Anzahl Rufnummern in Prep-Disc-	Rufnummern in Hybrid-Blöcken	Eintrag-dichte
E-Plus	2000	7-stellig für (0163-xx xx xx x)	10.000.000	2.600.000	7.400.000	26.784	7.373.216	350.000	1.180.000	--	0,4%
E-Plus	1999	7-stellig für (0177-xx xx xx x)	10.000.000	2.600.000	7.400.000	121.253	7.278.737	210.000	40.000	--	1,6%
E-Plus	1999	7-stellig für (0178-xx xx xx x)	10.000.000	1.800.000	8.200.000	27.530	8.172.470	1.310.000	560.000	--	0,3%
E-Plus	2004	Reserve (bisher)									
O2	2003	8-stellig für (0176-xx xx xx xx)	100.000.000	64.000.000	36.000.000	106.364	35.893.636	3.000.000	5.000.000	--	0,3%
O2 (Genion)	1999	7-stellig für (0179-xx xx xx x)	10.000.000	1.100.000	8.900.000	220.139	8.679.831	2.000.000	--	6.000.000	2,5%
O2	2004	Reserve (bisher)									
T-Mobil	2001	7-stellig für (01511-xx xx xx x)	10.000.000	1.800.000	8.200.000	47.604	8.152.386	2.000.000	--	--	0,6%
T-Mobil	2005	7-stellig für (01515-xx xx xx x)	10.000.000	1.600.000	8.400.000	0	8.400.000	--	8.400.000	--	0,0%
T-Mobil	2000	7-stellig für (0160-xx xx xx x)	9.000.000	1.200.000	7.800.000	49.421	7.750.569	4.600.000	300.000	--	0,6%
		8-stellig für (0160-9xx xx xx x)	10.000.000	600.000	9.400.000	80.200	9.319.790	5.500.000	100.000	--	0,9%
T-Mobil	1999	7-stellig für (0170-xx xx xx x)	10.000.000	1.300.000	8.700.000	281.419	8.418.579	3.200.000	100.000	--	3,2%
T-Mobil	1992	7-stellig für (0171-xx xx xx x)	10.000.000	1.600.000	8.400.000	473.502	7.926.496	1.100.000	--	--	5,6%
T-Mobil	1999	7-stellig für (0175-xx xx xx x)	10.000.000	1.200.000	8.800.000	78.072	8.721.926	6.200.000	--	--	0,9%
Vodafone	2001	7-stellig für (01520-xx xx xx x)	10.000.000	5.700.000	4.300.000	4.723	4.295.277	1.000.000	300.000	1.000.000	0,1%
Vodafone	2000	7-stellig für (0162-xx xx xx x)	10.000.000	1.700.000	8.300.000	23.403	8.276.597	900.000	--	--	0,3%
Vodafone	1999	7-stellig für (0172-xx xx xx x)	10.000.000	1.600.000	8.400.000	390.585	8.009.415	200.000	--	--	4,6%
Vodafone	1999	7-stellig für (0173-xx xx xx x)	10.000.000	1.600.000	8.400.000	195.210	8.204.789	1.001.000	--	--	2,3%
Vodafone	2000	7-stellig für (0174-xx xx xx x)	10.000.000	1.500.000	8.500.000	40.041	8.459.959	1.300.000	100.000	--	0,5%

165.500.000　2.166.250　163.333.673

Erste Erfahrungen in der Nutzung der Auswahlgrundlage zeigen, dass sich eine Schichtung nach Netzen auf Basis der genutzten Blöcke empfiehlt, da die Netzbetreiber sehr unterschiedliche regionale Schwerpunkte haben (s. Tab. 3).

Tabelle 3: Struktur der Handy-Nutzer nach Netzbetreiber und Bundesland

Basis-Zielgruppe: 21.237 Fälle / 46.174 Tsd. / 71,0%

| | Basis | | | Handy-Netz/Netzanbieter des vorhandenen Handys | | | | | | | | | | | | | | |
| | | | | T-Mobile/T-D1 | | | Vodafone/D2 | | | E-Plus | | | O2/Viag Interkom/Genion | | | weiß nicht | | |
	Tsd.	% vert.	Index	Tsd.	% vert.	Index	Tsd.	% vert.	Index	Tsd.	% vert.	Index	Tsd.	% vert.	Index	Tsd.	% vert.	Index
Basis	46.174	100,0	100	17.644	100,0	100	16.604	100,0	100	6.016	100,0	100	3.786	100,0	100	2.317	100,0	100
Bundesländer																		
Schleswig-Holstein	1.492	3,2	100	584	3,3	102	549	3,3	102	191	3,2	98	86	2,3	71	88	3,8	118
Hamburg	975	2,1	100	318	1,8	86	405	2,4	116	107	1,8	84	89	2,3	111	55	2,4	112
Niedersachsen	4.733	10,2	100	2.198	12,5	122	1.589	9,6	93	455	7,6	74	247	6,5	64	269	11,6	113
Bremen	360	0,8	100	162	0,9	118	115	0,7	89	30	0,5	65	51	1,3	173	7	0,3	41
Nordrhein-Westfalen	9.977	21,6	100	3.486	19,8	91	3.851	23,2	107	1.510	25,1	116	724	19,1	89	466	20,1	93
Hessen	3.164	6,9	100	1.223	6,9	101	1.001	6,0	88	487	8,1	118	303	8,0	117	165	7,1	104
Rheinland-Pfalz	2.331	5,0	100	1.241	7,0	139	448	2,7	53	386	6,4	121	193	5,1	101	87	3,8	75
Saarland	571	1,2	100	238	1,3	109	120	0,7	59	155	2,6	208	42	1,1	91	18	0,8	62
Baden-Württemberg	5.576	12,1	100	2.308	13,1	108	1.970	11,9	98	667	11,1	92	463	12,2	101	184	7,9	66
Bayern	6.781	14,7	100	3.173	18,0	122	1.788	10,8	73	722	12,0	82	726	19,2	131	393	17,0	115
Berlin	2.032	4,4	100	545	3,1	70	647	3,9	89	381	6,3	144	392	10,4	235	97	4,2	95
Brandenburg	1.613	3,5	100	285	1,6	46	1.041	6,3	179	123	2,0	58	91	2,4	69	75	3,2	92
Mecklenburg-Vorpommern	1.057	2,3	100	239	1,4	59	553	3,3	145	105	1,7	76	52	1,4	59	109	4,7	206
Sachsen	2.539	5,5	100	633	3,6	65	1.311	7,9	144	312	5,2	94	165	4,4	79	121	5,2	95
Sachsen-Anhalt	1.594	3,5	100	477	2,7	78	645	3,9	113	317	5,3	152	49	1,3	38	105	4,5	132
Thüringen	1.378	3,0	100	534	3,0	101	572	3,4	115	88	1,5	49	112	3,0	99	77	3,3	111

Quelle: VA Klassik 2006

2 Festnetz

Auch im Festnetz hat die Erschließung einer neuen Quelle, der Bestandsliste der Bundesnetzagentur über teilbelegte Rufnummernblöcke, die Möglichkeiten der Generierung von Festnetznummern verändert.

Bisher werden bei der Erstellung der Auswahlgrundlage im Rahmen des Gabler-Häder-Modells nur Rufnummern generiert, die in Blöcken mit mindestens **einem** Eintrag liegen.

Beispiel:

Vorwahl	Rufnummer	
040	559 61 00	eingetragen
040	559 61 01	generiert
040	559 61 02	eingetragen
...	...	...
040	559 61 99	generiert.

Ausgeschlossen von dieser Blockbildung werden „Service-Nummern" (Vorwahl 0180 u.ä.), rein gewerbliche Telefax-Nummern, Doppeleinträge sowie Blöcke, die nur aus einer rein gewerblichen Bindestrich-Nummer bestehen (insg. ca.15% aller exportierten Einträge).

Die Frage angesichts der zurückgehenden Anzahl der Einträge im Telefonbuch war, wie groß der Fehler ist, der durch diese Art des Vorgehens entsteht; d.h. wie viel existierende Rufnummern werden nicht generiert, weil sie in einem eintragslosen Block liegen?

Es gibt seit Mitte Mai 2005 neue Informationen der Bundesnetzagentur (ehem. RegTP) zu diesem Punkt, und zwar eine Liste der teilbelegten Rufnummernblöcke (RNB), die **vor dem 1.1.1998** bereits durch die Deutsche Telekom AG genutzt wurden. Dieser Bestand ist Mitte 2004 ermittelt worden, und kann jetzt mit den Informationen zum Verzeichnis der zugeteilten RNB ab dem 1.1.98 ergänzt werden. Dieses Verzeichnis wird nach Möglichkeit wöchentlich aktualisiert, soweit Zuteilungen durchgeführt wurden.

Diese Datei enthält die Informationen:

- Name des Betreibers
- Vorwahl = Ortsnetzkennzahl
- Ort = Bezeichnung des Ortsnetzes
- RNB = zugeteilter Rufnummernblock

- Zuteildatum = wann wurde der Antrag gestellt
- Wirkdatum = ab wann soll der RNB genutzt werden
- Befristet bis Datum= nur Eintrag, wenn tatsächlich die Zuteilung befristet erteilt wurde.

Damit wird es möglich, die Größe von diesen Lücken abzuschätzen. Die Auswahlgrundlage 2006 umfaßt 103,1 Mio. Rufnummern, von denen

- 27,7 Mio. Rufnummern (28,9 mit Fax) im Telefonbuch (nach allen Bereinigungsstufen) eingetragen sind,
- und 75,4 Mio. Rufnummern auf Basis dieser eingetragenen Nummern generiert wurden, um auch die nicht eingetragenen Teilnehmer zu erreichen.
- 29,8 Mio. Rufnummern liegen in Blöcken, für die keine Einträge existieren, die aber vergeben sind.

Die Zusammensetzung dieser „Lücken" (= Blöcke, die vergeben sind, für die aber kein Telefonbucheintrag vorliegt) ist jedoch je nach Betreiber sehr unterschiedlich.

Tabelle 4: Zusammensetzung der Lücken nach Betreiber und Blocklänge 2006

	Blocklänge	Gesamt	Vergebene Blöcke ohne jeden Eintrag	Anzahl Rufnummern	Anteile in %
Gesamt					
Deutsche Telekom AG	10er Block	2.842.984	361.641	3.616.410	12%
	100er Block	80.810	11.512	1.151.200	4%
	1.000er Block	50.788	5.957	5.957.000	20%
	Gesamt	2.974.582	379.110	10.724.610	36%
Anbieter, die in **allen** Vorwahlbereichen vertreten sind (20)	1.000er Block	22.546	16.747	16.747.000	56%
Anbieter, die **in 2 und mehr**, aber nicht in allen Vorwahlbereichen vertreten sind	1.000er Block	2.930	1.130	1.130.000	4%
Anbieter, die **nur in einem** Vorwahlbereich vertreten sind	1.000er Block	3.811	1.233	1.233.000	4%
Gesamt Gesamt ohne 'Call by Call' und gew. Anbieter		**3.003.869**	**398.220**	**29.834.610**	**100%**

Zunächst wird deutlich, dass es nicht nur 100er-Blöcke (wie im Gabler-Häder-Modell angenommen), sondern auch 10er- und 1.000er-Blöcke gibt. Im Altbestand der Telekom liegen rund ein Drittel der Rufnummern in 10er-Blöcken. Die nach 1998 zugeteilten Blöcke sind dagegen 1.000er Blöcke, und machen über die Hälfte der Telekom-Rufnummern aus, die bisher nicht generiert werden konnten. Die neuen Anbieter (hier noch unterschieden nach national, überregional und regional tätigen Betreibern) haben nur 1.000er-Blöcke.

Es wird in der Auswahlgrundlage 2007 also zum einen bei den bisherigen 100er-Blöcken u.U. weniger generierte Nummern geben, da man diese auf 10er-Blockebene herunter bricht, dafür werden aber durch die 1.000er-Blöcke auch erheblich mehr Rufnummern dazu kommen.

Wie sehr diese neue Basis der Rufnummernblock-Liste Nummernbereiche erschließt, die bisher von der Generierung ausgeschlossen waren, macht die folgende Tabelle deutlich.

Tabelle 5: **Anteil der Blöcke ohne jeden Eintrag an den Blöcken pro Betreiber gesamt für nationale Anbieter**

Anbieter, die in allen Vorwahlbereichen vertreten sind			
(1000er Blöcke)	Anzahl 1.000er-Blöcke	davon Lücken	in %
BT	12.623	7206	57%
Telefónica	5.369	5325	99%
ARCOR	4.963	2557	52%
Versatel	1.147	381	33%
broadnet	615	608	99%
COLT Tel	537	321	60%
freenet	320	308	96%
Ventelo	185	154	83%
Netzquad	174	173	99%
VersaGer	151	125	83%
MCI	87	77	89%
Tropolys	70	42	60%
Talkline	49	47	96%
01024	30	30	100%
01051	30	30	100%
3U Telec	23	22	96%
STAR	14	12	86%
TelDaFax	10	10	100%
Gesamt	**26.397**	**17.428**	**66%**
Gesamt ohne 'Call by Call' und gewerb. Anbieter	**7.484**	**4.207**	**56%**

*) 'Call by Call' oder rein gewerb. Telekommunikationsanbieter

Rufnummernbereiche von Arcor wurden bisher nur zu 48% berücksichtigt, Rufnummern von freenet (einem wichtigen DSL-Anbieter) nur zu 4%.

Betrachtet man die überregional agierenden Betreiber, werden auch deutliche Unterschiede zwischen den Betreibern deutlich, was ein Indiz für die unterschiedlich gehandhabte Eintragepraxis ist.

Tabelle 6: **Anteil der Blöcke ohne jeden Eintrag an den Blöcken pro Betreiber gesamt für überregionale Anbieter**

Anbieter, die in 2 und mehr, aber nicht in allenVorwahlbereichen vertreten sind			
(1000er Blöcke)	Anzahl	davon	
	1.000er-Blöcke	Lücken	in %
HanseNet (0)2/ (0)3/ (0)4/ (0)6/ (0)7/ (0)8	1.022	592	58%
EWE TEL (0)3/ (0)4/ (0)5	755	185	25%
M'net (0)8/ (0)9	616	264	43%
Citykom (0)2/ (0)5	118	43	36%
VSE Net (0)2/ (0)6/ (0)7	107	81	76%
KabelBW (0)6/ (0)7	93	92	99%
AKOM (0)7/ (0)8/ (0)9	74	20	27%
SDT (0)2/ (0)6/ (0)7	16	16	100%
SNT (0)2/ (0)3/ (0)6/ (0)7/ (0) 8	12	12	100%
MDCC (0)3/ (0)5	8	3	38%
Intele (0)2/ (0)6	4	3	75%
MR NET (0)3/ (0)4	4	4	100%
Gesamt	**2.829**	**1.315**	**46%**
Gesamt ohne 'Call by Call' und gewerb. Anbieter	**2.793**	**1.280**	**46%**

*) 'Call by Call' oder rein gewerb. Telekommunikationsanbieter

Durch die neue Basis im Festnetzbereich entsteht 2007 eine CATI-Auswahlgrundlage, in der alle tatsächlich existierenden Rufnummern mit Ortsvorwahl[3] berücksichtigt werden.

Dies ist umso wichtiger, als neben dem Schmalband auch immer mehr Breitbandanschlüsse entstehen, die die neuen Technologien wie VOIP, Kabelnetz u.ä. nutzen.

Die Auswahlgrundlage „Festnetz" beinhaltet alle Rufnummern, die eine Ortsvorwahl haben. Damit werden die Anschlussarten von Schmal-und Breitband abgedeckt.

Zum **Schmalband** zählen analoge Anschlüsse/ISDN:

→ 26,8 Mio. Analoganschlüsse
→ 12,1 Mio. ISDN-Basisanschlüsse
→ 125.000 Primärmultiplexanschlüsse (überwiegend gewerblich genutzt)

---

3   Tests des ADM-Stichprobenclubs 2006 in den Lückenbereichen haben ergeben, dass man aber auf das Generieren in den auslaufenden kurzstelligen 10er-Blöcken verzichten kann, da diese Rufnummern in der Regel früher eingetragen waren und heute nicht mehr vergeben werden, aufgrund der Umstellung des Rufnummernsystems von 3- und 4-stelligen Rufnummern auf längere Ziffernfolgen.

Zum **Breitband** zählen:

→ 10,4 Mio. DSL-Anschlüsse [12,6 Mio. 2.Q.2006] (vor allem VOIP, z.T. als ENUM[4])

→ 240.000 Kabelmodem (Angebot der Kabelnetzbetreiber)

→ 9.600 Powerline (Angebot der Stromversorger)

→ 57.000 Satellit-Zugang

sowie UMTS/WLAN (z.T. als ENUM)/Wimax.

(Bundesnetzagentur (2005))

Damit umfasst die Auswahlgrundlage im CATI-Bereich auch in Zukunft alle Rufnummern mit einer Ortsvorwahl[5], die von der Bundesnetzagentur vergeben werden.

3   Kombination der Auswahlgrundlagen

Besonders problematisiert wird immer wieder die Frage, wie viele Haushalte oder Personen inzwischen nur noch über ein Handy zu erreichen sind, also mit einer Rufnummer, die mit einer Ortsvorwahl beginnt, nicht mehr kontaktiert werden können.

Einen ersten Überblick aus der amtlichen Statistik liefert dazu die EVS (Einkommens- und Verbrauchsstichprobe) 2003 des Statistischen Bundesamtes. Danach waren 2003 rund 4% der Haushalte nur über ein Handy telefonisch erreichbar. Diese Gruppe setzt sich überdurchschnittlich aus Arbeitern und Arbeitslosen zusammen, mit Nettoeinkommen bis unter 1.300 €. Dabei handelt es sich vor allem um 1-Personen-HH, in denen Personen bis 35 Jahre leben.

---

4   ENUM stellt eine Technologie dar, die es ermöglicht, Internetkommunikation und herkömmliche Telefondienste miteinander zu verknüpfen. Durch die Verwendung von ENUM wird es einfach möglich, Benutzer im Internet auch vom Telefonnetz aus anzurufen. ENUM leitet sich ab von telephone number mapping und steht für ein Protokoll, mit dem Ressourcen aus dem Telekommunikations- und dem Internetbereich verknüpft werden können. Es definiert eine Vorschrift, mit der eine Telefonnummer in eindeutiger Weise auf eine Domain abgebildet wird. Diese Domain kann dann zur Identifizierung unterschiedlicher Kommunikationsdienste herangezogen werden, zum Beispiel Fax, Mobilfunk, Voice Mail Systeme, E-Mail-Adressen, IP-Telefonie-Adressen, Webseiten, GPS-Koordinaten, Anrufumleitungen oder Unified Messaging. Das Verfahren ist in RFC3761 beschrieben. (Weitere Informationen dazu erhält man bei www.denic.de.)

5   Problematisch ist die Nummergasse 032 für VOIP-Nummern, da diese keinen Ortsbezug mehr aufweisen müssen. Bisher vergibt aber die große Mehrheit der VOIP-Anbieter nur Rufnummern mit Ortsvorwahl.

Tabelle 7:   Struktur der „Nur-Handy"-Haushalte im Vergleich zu allen Haushalten

EVS 2003	Haushalte ingesamt		Haushalte, die nur über Mobilnetz zu erreichen sind	
HR in Tsd.	37931		1594	
			4,2%	
Soziale Stellung des HEB				
Selbständig	2684	7,1%	50	3,1%
Beamte	1621	4,3%	45	2,8%
Angestellte	10780	28,4%	341	21,4%
Arbeiter	7043	18,6%	517	32,4%
Arbeitslose	2259	6,0%	284	17,8%
Nichterwerbstätig dv.	13543	35,7%	357	22,4%
Rentner	11079	29,2%	196	12,3%
monatl. HH-Nettoeinkommen				
unter 900	5509	14,5%	667	41,8%
von 900 bis unter 1.300	6432	17,0%	372	23,3%
von 1.300 bis unter 1.500	3375	8,9%	170	10,7%
von 1.500 bis unter 2.000	6713	17,7%	184	11,5%
von 2.000 bis unter 2.600	6121	16,1%	103	6,5%
von 2.600 bis unter 3.600	5421	14,3%	64	4,0%
von 3.600 bis unter 5.000	2681	7,1%	23	1,4%
von 5.000 bis unter 18.000	1463	3,9%		0,0%
Haushaltsgröße				
1 Person	13733	36,2%	982	61,6%
2 Personen	12884	34,0%	366	23,0%
3 Personen	5496	14,5%	142	8,9%
4 Personen	4320	11,4%	70	4,4%
5 Personen u.m.	1499	4,0%	34	2,1%
Alter des HEB				
unter 25 Jahre	1167	3,1%	289	18,1%
25 bis unter 35 Jahre	4591	12,1%	352	22,1%
35 bis unter 45 Jahre	8568	22,6%	380	23,8%
45 bis unter 55 Jahre	7600	20,0%	311	19,5%
55 bis unter 65 Jahre	6239	16,4%	145	9,1%
65 bis unter 70 Jahre	3030	8,0%	48	3,0%
70 Jahre u.m.	6735	17,8%	69	4,3%

Werte in Grau aufgrund niedriger Fallzahl nur bedingt aussagefähig (Stat. Bundesamt, EVS 2003)

Ein ähnliches Bild liefern auch die Daten der media-analyse (ma) der ag.ma. Dazu kann man die Daten der Pressemedientranche auswerten, die Face-to-Face erhoben wird. Danach sind rund 4,4 % der Haushalte im Jahr 2006 nur über Handy zu erreichen, 25,6 % nur über Festnetz und 70% sowohl über Festnetz als auch über Handy (ag.ma/MMC, ma 2006 TZD, gezählt mit Haushaltsgewicht).

Vergleicht man die Struktur der Face-to-Face-befragten Personen, die nur über Handy zu erreichen sind im Zeitverlauf der ma, lässt sich eine Verschiebung von den technisch interessierten, besser ausgebildeten jungen Männern mit Internet-Anschluss hin zu den jungen Männer mit einfachem Bildungsniveau, ohne Internetanschluss und niedrigem Einkommen erkennen. Durch den Verzicht auf laufende Anschlussgebühren bei Prepaid-Handys ist das Telefonieren im Mobilnetz inzwischen günstiger als im Festnetz, und zieht damit andere Zielgruppen an als in der Anfangsphase des Mobilfunks.

Tabelle 8:   **Vergleich der Zusammensetzung der Personen in Haushalten, die nur über Handy zu erreichen sind**

Personen ab 14 J.	Basis: ma 2006 Pressemedien II		Basis: ma 2005 Pressemedien I		Basis: ma 2001 Pressemedien II	
	Gesamt-bevölkerung	nur Handy	Gesamt-bevölkerung	nur Handy	Gesamt-bevölkerung	nur Handy
Basis ungew. Fälle	39.092	1.706	38.904	1.489	26.032	658
Basis gew. Fälle:	39.092	1.491	38.904	1.305	26.032	607
	=100 %	=100 %	=100 %	=100 %	=100 %	=100 %
Anteil in %						
Männer	48,0	56,0	47,9	59,3	47,8	57,4
14 - 19 Jahre	7,9	9,8	7,8	9,7	7,8	8,5
20 - 29 Jahre	12,1	37,1	11,8	31,5	12,6	36,8
30 - 39 Jahre	16,0	22,1	17,6	26,1	18,7	24,9
Haupt-/Volksschule ohne Lehre	9,9	17,9	10,1	17,7	11,2	9,0
weiterf. Schule ohne Abitur	33,0	35,6	32,6	33,0	31,7	39,7
in Ausbildung,Schüler,Student)	10,8	15,0	10,3	13,5	10,4	17,0
sonstige Angestellte und Beamte	28,3	32,4	27,2	26,8	26,8	27,0
Facharbeiter	9,2	14,7	10,7	18,9	11,2	18,1
sonstige Arbeiter	6,1	19,6	5,6	19,3	5,5	12,1
Nettoeinkommen des Befragten bis unter 750	24,5	42,3	26,2	39,5	24,0	34,5
1-P-HH	20,2	44,5	19,9	40,1	19,1	41,8
nur 1 Verdiener im HH	34,2	56,0	35,0	55,1	36,1	53,5
keine persönliche Nutzung des Internet	51,0	61,7	57,3	69,4	77,1	70,0

Kostenvorteil Handy: einmalige Anschaffung, dann keine monatliche Grundgebühr bei Prepaid-Karten
Festnetz: monatliche Anschlussgebühr + einmalige Anschlusskosten, DSL-Anschluss notwendig für Internet-Nutzung

Interessant ist auch ein Blick auf die räumliche Verteilung. Aus diesem Datensatz lässt sich deutlich erkennen, dass die „Nur-Handy"-Haushalte überdurchschnittlich in den Großstädten zu finden sind und in den östlichen Bundesländern.

Tabelle 9:   Verteilung der Haushalte nach Bundesländern und Art der telefonischen Erreichbarkeit

Bundesländer		Telefonische Erreichbarkeit			
		1 Festnetz + Mobil	2 nur Festnetz	3 nur Mobil	Gesamt
1 Schleswig-Holstein	gew. Fälle	3.654	764	213	4.632
	in %	78,9%	16,5%	4,6%	100,0%
2 Hamburg	gew. Fälle	2.138	664	165	2.967
	in %	72,1%	22,4%	5,6%	100,0%
3 Niedersachsen	gew. Fälle	9.366	2.873	624	12.863
	in %	72,8%	22,3%	4,9%	100,0%
4 Bremen	gew. Fälle	777	335	64	1.176
	in %	66,0%	28,5%	5,5%	100,0%
5 Nordrhein-Westfalen	gew. Fälle	19.495	7.495	1.002	27.993
	in %	69,6%	26,8%	3,6%	100,0%
6 Hessen	gew. Fälle	6.307	2.547	351	9.206
	in %	68,5%	27,7%	3,8%	100,0%
7 Rheinland-Pfalz	gew. Fälle	4.527	1.484	230	6.241
	in %	72,5%	23,8%	3,7%	100,0%
8 Baden-Württemberg	gew. Fälle	11.046	4.173	443	15.662
	in %	70,5%	26,6%	2,8%	100,0%
9 Bayern	gew. Fälle	13.175	4.790	605	18.570
	in %	70,9%	25,8%	3,3%	100,0%
10 Saarland	gew. Fälle	1.147	541	64	1.752
	in %	65,5%	30,9%	3,6%	100,0%
11 Berlin	gew. Fälle	4.356	1.343	374	6.073
	in %	71,7%	22,1%	6,2%	100,0%
12 Brandenburg	gew. Fälle	2.843	1.183	290	4.316
	in %	65,9%	27,4%	6,7%	100,0%
13 Mecklenburg-Vorpomr	gew. Fälle	1.828	844	231	2.903
	in %	63,0%	29,1%	8,0%	100,0%
14 Sachsen	gew. Fälle	4.911	2.060	513	7.484
	in %	65,6%	27,5%	6,9%	100,0%
15 Sachsen-Anhalt	gew. Fälle	2.888	1.003	300	4.191
	in %	68,9%	23,9%	7,2%	100,0%
16 Thüringen	gew. Fälle	2.543	1.184	271	3.999
	in %	63,6%	29,6%	6,8%	100,0%
Gesamt	gew. Fälle	91.002	33.285	5.742	130.029
	in %	70,0%	25,6%	4,4%	100,0%

(ag.ma/MMC, ma 2006 TZD)

Sollte man daraus den Schluss ziehen, in Zukunft nur noch Handy-Stichproben zu ziehen? Der große Nachteil von Handy-Stichproben (neben den Aspekten der schlechteren Erreichbarkeit, höheren Kosten im Vergleich zum Festnetz und der „mobilen" Befragungssituation in öffentlichen Nahverkehrsmitteln, im PKW, am Arbeitsplatz, beim Einkaufen, in einer Gaststätte, im Ausland etc.) ist, dass man keine regionale Schichtung der Stichprobe vornehmen kann. Hat man als Grundgesamtheit nicht die Bundesrepublik gesamt, ist eine vernünftige regionale Ausschöpfung Glückssache. Solange in Deutschland rund 96% aller Haushalte noch über das Festnetz zu erreichen sind, sollte man Aufwand und Nutzen genau gegeneinander abwägen.

QUELLEN

Statistisches Bundesamt Deutschland,
Ausstattung privater Haushalte mit Informations- und Kommunikationstechnik
Ergebnis der Einkommens- und Verbrauchsstichprobe 2003
Sonderauswertung

Bundesnetzagentur,
Jahresbericht 2006, Kap. Telekommunikation, S.24ff.
sowie
http://www.bundesnetzagentur.de/enid/6b2601fbf7bd441d18c96172bf7ee1b0,0/
Marktbeobachtung/ Mobilfunkdienste_ vw.html#mobiltelefondienst_
teilnehmerentwicklung

ag.ma/MMC, media-analyse
ma 2006 Tageszeitungsdatensatz,eigene Auszählung sowie
ma 2001 Pressemedien II
ma 2005 Pressemedien I
ma 2006 Pressemedien II

Axel Springer AG/Verlagsgruppe Bauer
VA Klassik 2006, eigene Auszählung

GEWICHTUNG BEI ERHEBUNGEN IM FESTNETZ UND ÜBER MOBILFUNK: EIN DUAL FRAME ANSATZ

SIEGFRIED GABLER & ÖZTAS AYHAN[1]

Abstract: *Werden Telefonstichproben sowohl aus dem Auswahlrahmen des Festnetzes als auch des Mobilfunks gezogen, stellt sich die Frage, wie man die Ergebnisse sinnvoll kombiniert. Der folgende Beitrag beschäftigt sich mit dem Dual Frame Ansatz und der daraus resultierenden Gewichtungsmöglichkeit. Die für die Schätzung benötigten Gewichte lassen sich relativ einfach unter der Grundannahme berechnen, dass die Wahrscheinlichkeit, zwei Mitglieder desselben Haushalts über verschiedene Wege auszuwählen, vernachlässigbar ist.*

1   Einleitung

In den letzten Jahren wurden telefonische Umfragen allein auf der Grundlage der Festnetznummern durchgeführt. Da jedoch der Anteil von reinen Mobilfunkhaushalten auch in Deutschland steigt und ihre Struktur sich wesentlich von der von anderen Haushalten unterscheidet, ist auch diese Gruppe in einer Stichprobe zu untersuchen, um nicht dem Übel der Verzerrung auf Grund eines zu großen Undercoverage anheim zu fallen. In den USA werden inzwischen ebenfalls Anstrengungen auf diesem Gebiet unternommen: "According to the February 2004 Current Population Survey (CPS) supplement, over 50 percent of households had one or more cell phones, and about 6 percent had only cell phones" (Tucker, Brick & Meekins, 2005, vgl. auch Brick et al., 2007).

---

[1]   Department of Statistics, Middle East Technical University, Ankara Türkei; Prof. Ayhan war im Jahr 2006 Gastprofessor beim ZUMA.

2   Der Dual Frame Ansatz

Festnetzstichproben können auf erster Stufe vereinfacht als Haushaltsstichproben aufgefasst werden. Innerhalb des Haushalts wird dann über ein Zufallsverfahren – im besten Fall über den Schwedenschlüssel – eine Person zufällig ausgewählt und befragt. Damit werden bei Bevölkerungsbefragungen über das Festnetz Personen mit unterschiedlichen Auswahlwahrscheinlichkeiten ausgewählt und es muss eine Transformation auf Personenebene erfolgen, die die Zahl der zur Zielgesamtheit gehörenden Personen im Haushalt berücksichtigt. Bei Mobilfunkstichproben handelt es sich jedoch eher um Personenstichproben. Hier kann die Transformationsgewichtung unterbleiben. Ein Modell für die Kombination beider Stichproben ist zu entwickeln. Der Dual Frame Ansatz liefert dazu das statistische Gerüst. Abbildung 1 veranschaulicht dies grafisch.

Dual oder multiple Frame Ansätze werden allgemeiner etwa bei Hartley (1974), Lepkowski und Groves (1986), Lohr und Rao (2000, 2006), Skinner (1991) und Skinner und Rao (1996) beschrieben. Im Zusammenhang mit Telefonumfragen verweisen wir auf Blair und Blair (2006), Brick, Dipko, Presser, Tucker und Yuan (2006), Brick et al. (2007), Kim und Lepkowski (2002), Tucker et al. (2007).

Abbildung 1:   Auswahl über zwei Auswahlrahmen

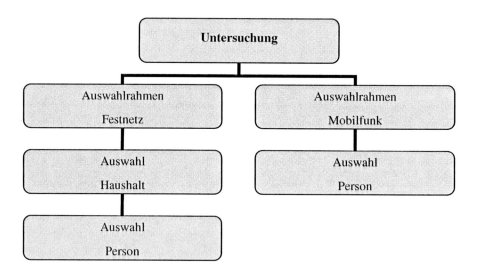

Da es keine Liste von Personen in „nur Mobilfunkhaushalten" gibt, bleibt nur die Möglichkeit, wie bei einem Dual Frame Ansatz üblich, Nummern sowohl aus der Liste der theoretisch möglichen Festnetznummern als auch aus der Liste der theoretisch möglichen Mobilfunknummern auszuwählen und über die ausgewählten Nummern dahinter stehende Personen zu befragen. In vielen Fällen haben Personen aber sowohl eine oder auch mehrere Festnetz- als auch Mobilfunknummer(n). Dies wird in Abbildung 2 verdeutlicht. Dort ist ein 3- Personenhaushalt mit zwei Festnetznummern dargestellt. Ein Haushaltsmitglied verfügt überdies über zwei Mobilfunknummern.

Abbildung 2: **Haushalt mit Festnetz- und Mobilfunknummern**

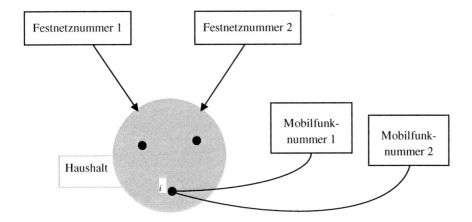

3   Gewichtung

Um eine allgemeine Formel für die Inklusionswahrscheinlichkeiten von Personen in eine Stichprobe angeben zu können, definieren wir die relevanten Parameter wie folgt:

Festnetz	Mobilfunk
M^F Zahl der Nummern im Auswahl-rahmen	M^C Zahl der Nummern im Auswahl-rahmen
m^F Zahl der Nummern in der Stichprobe Auswahl: uneingeschränkte Zu-fallsauswahl	m^C Zahl der Nummern in der Stichprobe Auswahl: uneingeschränkte Zu-fallsauswahl
k_i^F Zahl der Festnetznummern, über die der Haushalt, in dem Person i wohnt, erreicht werden kann.	k_i^C Zahl der Mobilfunknummern, über die Person i erreicht werden kann.
z_i Zahl der zur Zielgesamtheit gehö-renden Personen im Haushalt, in dem Person i wohnt.	

Zur Vereinfachung der noch abzuleitenden Formeln wollen wir folgende Grundannahme treffen:

> **Die Wahrscheinlichkeit, dass zwei (nicht notwendig verschiedene) Mitglieder desselben Haushalts über verschiedene Wege ausgewählt werden, ist vernach-lässigbar.**

Diese Annahme kann bei kleinen regionalen Stichproben problematisch sein.

Mit den getroffenen Bezeichnungen und der Grundannahme lassen sich nun die Inklusi-onswahrscheinlichkeiten erster und zweiter Ordnung herleiten, die für die Schätzung mittels des Horvitz-Thompson-Schätzers bzw. dessen Varianzschätzers benötigt werden.

Betrachten wir zuerst den Fall, dass Person i in der Festnetzstichprobe ist. Wegen der Grundannahme vernachlässigen wir Stichproben, die einen Haushalt über verschiedene Festnetznummern enthalten. Daher ist

$$\pi_i^F \approx k_i^F \frac{m^F}{M^F} \cdot \frac{1}{z_i} \ .$$

Betrachten wir jetzt den Fall, dass Person i in der Mobilfunkstichprobe ist. Wegen der Grundannahme vernachlässigen wir Stichproben, die diese Person über verschiedene Mobilfunknummern enthalten. Daher ist

$$\pi_i^C \approx k_i^C \frac{m^C}{M^C} \cdot$$

Außerdem vernachlässigen wir den Fall, dass Person i sowohl über den Festnetz- als auch über den Mobilfunkauswahlrahmen in die Stichprobe gelangt, d.h.

$$\pi_i^{F \cap C} = \pi_i^F \pi_i^C \approx 0 \cdot$$

Damit ist für jede Person i in der Erhebungsgesamtheit die Wahrscheinlichkeit, ausgewählt zu werden, gegeben durch:

$$\pi_i \approx k_i^F \frac{m^F}{M^F} \cdot \frac{1}{z_i} + k_i^C \frac{m^C}{M^C} \cdot$$

Beweis: Für $i = 1,\dots,N$ gilt wegen der Unabhängigkeit der Ziehungen aus den beiden Gesamtheiten und der Grundannahme

$$\pi_i = 1 - \left(1 - \pi_i^F\right)\left(1 - \pi_i^C\right)$$
$$= \pi_i^F + \pi_i^C - \pi_i^F \pi_i^C$$
$$\approx k_i^F \frac{m^F}{M^F} \cdot \frac{1}{z_i} + k_i^C \frac{m^C}{M^C}$$

Analog ist für Personen i, j aus verschiedenen Haushalten

$$\pi_{ij} \approx k_i^F k_j^F \frac{m^F(m^F-1)}{M^F(M^F-1)} \cdot \frac{1}{z_i} \frac{1}{z_j} + k_i^F k_j^C \frac{m^F m^C}{M^F M^C} \cdot \frac{1}{z_i} + k_i^C k_j^F \frac{m^F m^C}{M^F M^C} \cdot \frac{1}{z_j} + k_i^C k_j^C \frac{m^C(m^C-1)}{M^C(M^C-1)}$$

$$\approx \left(k_i^F \frac{m^F}{M^F}\right)\left(k_j^F \frac{m^F}{M^F}\right) \frac{1}{z_i} \frac{1}{z_j} + \left(k_i^F \frac{m^F}{M^F}\right)\left(k_j^C \frac{m^C}{M^C}\right) \frac{1}{z_i} + \left(k_j^F \frac{m^F}{M^F}\right)\left(k_i^C \frac{m^C}{M^C}\right) \frac{1}{z_j} + \left(k_i^C \frac{m^C}{M^C}\right)\left(k_j^C \frac{m^C}{M^C}\right)$$

$$\approx \pi_i \pi_j$$

Für Personen $i \neq j$ aus dem gleichen Haushalt gilt nach der Grundannahme

$$\pi_{ij} \approx 0.$$

Es ließe sich auch eine exakte Berechnung der Inklusionswahrscheinlichkeiten herleiten. Dabei müssten auch die Stichproben berücksichtigt werden, bei denen ein Haushalt mehrfach in die Stichprobe gelangt. Im Falle der Festnetzstichprobe ist

$$\pi_i^F = \sum_{j=0}^{k_i^F} \left(1 - \left(1 - \frac{1}{z_i}\right)^j\right) \frac{\binom{k_i^F}{j}\binom{M^F - k_i^F}{m^F - j}}{\binom{M^F}{m^F}}$$

bei den Mobilfunkstichproben ist

$$\pi_i^C = \sum_{j=1}^{k_i^C} \frac{\binom{k_i^C}{j}\binom{M^C - k_i^C}{m^C - j}}{\binom{M^C}{m^C}} .$$

Da selbst dann, wenn ein Haushalt oder eine Person mehrfach ausgewählt wird, dieser oder diese nicht mehrfach befragt würde, sind vom praktischen Standpunkt her die Approximationen für die Inklusionswahrscheinlichkeiten völlig ausreichend. Aus Sicht der Praxis ist auch weiter festzulegen, welche Werte für k_i^F und k_i^C zu verwenden sind. Im Interview kann es durchaus schwierig sein, die Zahl der Festnetz- und Mobilfunkanschlüsse zu erfassen (vgl. Beitrag von Gerd Meier in diesem Band). Zudem zeigen Erfahrungen, dass die diesbezüglichen Angaben der Befragten nicht immer valide sind. Dies kann zu Verzerrungen führen. Darüber hinaus erfordert die exakte Abfrage der Zahl der verschiedenen Telefonanschlüsse im Interview relativ viel Zeit und ihre Relevanz ist für den Befragten nicht unmittelbar einsehbar, was Auswirkungen auf die Ausschöpfung der Stichprobe haben kann. Weiter ist nicht klar, ob die Zuordnung der Personen auf die Telefonnummern so eindeutig wie beschrieben ist und ob ihre Erreichbarkeit über die verschiedenen Telefonnummern tatsächlich gegeben ist.

Eine praktische Anwendung der gegebenen Formeln ist in dem Beitrag von Hermann Hoffmann in diesem Band zu finden.

Literatur

Blair, E. & Blair, J. (2006). Dual Frame Web–Telephone Sampling for Rare Groups. *Journal of Official Statistics, 22*, 211-220.

Brick, M., Brick, P., Dipko, S., Presser, S., Tucker, C. & Yuan, Y. (2007). Cell Phone Survey Feasibility in The U.S.: Sampling and Calling Cell Numbers Versus Landline Numbers. *Public Opinion Quarterly, 71*, 23-39.

Brick, M., Dipko, S., Presser, S., Tucker, C. & Yuan, Y. (2006). Nonresponse Bias in a Dual Frame Sample of Cell and Landline Numbers. *Public Opinion Quarterly, 70*, Special Issue 2006, 780-793.

Hartley, H. O. (1974). Multiple Frame Methodology and Selected Applications. *Sankhya, the Indian Journal of Statistics, Series C, 36*, 99-118.

Kim, S. & Lepkowski, J. (2002). Telephone Household Non-Coverage and Mobile Telephones. *American Association for Public Research 2002: Strengthening Our Community - Section on Survey Research Methods*, 1845-1850.

Lepkowski, J. & Groves, R. (1986). A Mean Squared Error Model for Dual Frame, Mixed Mode Survey Design. *Journal of the American Statistical Association, 81*, 930-937.

Lohr, S. & Rao, J. N. K. (2000). Inference from Dual Frame Surveys. *Journal of the American Statistical Association, 95*, 271-280.

Lohr, S. & Rao, J.N.K. (2006). Estimation in Multiple-Frame Surveys. *Journal of the American Statistical Association, 101*, 1019-1030.

Skinner, C. (1991). On the Efficiency of Raking Ratio Estimation for Multiple Frame Surveys. *Journal of the American Statistical Association, 86*, 779-784.

Skinner, C. & Rao, J. N. K. (1996). Estimation in Dual Frame Surveys with Complex Designs. *Journal of the American Statistical Association, 91*, 349-356.

Tucker, C., Brick, M. & Meekins, B. (2007). Household Telephone Service and Usage Patterns in the United States in 2004: Implications for telephone samples. *Public Opinion Quarterly, 71*, 3-22.

KOMBINIERTE STICHPROBEN FÜR TELEFONUMFRAGEN - ANSÄTZE IN EUROPA

HERMANN HOFFMANN

Abstract: *In etlichen europäischen Ländern ist die Mobiltelefonie weiter verbreitet als in Deutschland, vor allem die Zahl der nur mobil erreichbaren Personen liegt höher. Daher sind CATI-Designs entwickelt worden, die Festnetz und Mobilfunk vereinen. Vor diesem Hintergrund hat Ipsos im Jahre 2006 erstmals eine Festnetzstichprobe mit einer Mobilstichprobe nach dem Dual Frame Ansatz kombiniert. Die Ergebnisse sind sehr ermutigend.*

1   Einführung

Telefonische Umfragen nehmen heute in Deutschland einen bedeutenden Platz unter den Datenerhebungsmethoden ein (laut ADM ca. 45% aller quantitativen Interviews). Technische Entwicklungen (Mobilfunk, Internettelefonie etc.) und neue Geschäftsmodelle (Tarifstrukturen, Kombiangebote wie Homezone oder Triple Play) sorgen fortlaufend für Veränderungen, auf die entsprechend reagiert werden muss.

So ist die Verbreitung von Mobilfunk in den letzten Jahren stetig gewachsen, aktuell sind schon mehr Handys gemeldet als Festnetzanschlüsse. Eine für die Stichprobenziehung potenziell besorgniserregende Entwicklung zeichnet sich ab: Die Zahl der Personen, die nur noch über Mobilfunk erreicht werden können, steigt langsam aber stetig[1] an. Da unsere CATI-Stichproben auf Festnetznummern basieren, sind diese Personen nicht mehr in der Auswahlgrundlage enthalten. Es ist noch nicht abschließend geklärt, welche Auswirkungen dies auf die Ergebnisse von Marktforschungsstudien hat.

Im Ausland ist dieses Phänomen teilweise schon früher und massiver aufgetreten, der Anteil der „Mobile-Only" liegt höher als in Deutschland. Man ist also gezwungen Festnetzstichprobe und Mobilstichprobe zu kombinieren, um eine möglichst vollständige

---

1   Siehe Beitrag von Axel Glemser.

Auswahlgrundlage zu erhalten. Da liegt es nahe, die Erfahrungen und Lösungswege der Kollegen systematisch zusammenzutragen und ihre Erkenntnisse zur Lösung unserer Probleme mit zu nutzen.

2   Generelle Erfahrungen

Das ADM-Stichprobensystem setzt einen sehr hohen Standard. Außerhalb Deutschlands wird Stichprobenfragen im praktischen Alltag weit weniger Aufmerksamkeit geschenkt, als wir es gewohnt sind. Es dominieren Quotenstichproben, auch bei Randomansätzen sind Quotenkontrollen üblich.

Von Land zu Land sind sehr unterschiedliche Bedingungen anzutreffen, etwa in Bezug auf

- den Anteil Festnetz/Mobil: Sehr hoher Mobilanteil in Skandinavien bis niedriger Anteil im Süden und Osten Europas. Mobil steigt aber überall an, bzw. nähert sich der Sättigungsgrenze.
- die Verfügbarkeit von Daten: Datenformate, Exportierbarkeit und Vollständigkeit von Adressdateien.
- den rechtlichen Rahmen: Datenschutzgesetzgebung.

Ohne das „Korsett" von ADM-System und ZAW-Rahmenschema werden im europäischen Ausland eher praxisorientierte Lösungen gesucht. Man beschreitet neue Wege und stützt sie mit begleitenden Methodentests.

Zwei Probleme treffen auf alle Länder gleichermaßen zu:

- Wie in Deutschland sind Mobilnummern in der Regel ohne Regionalkennungen. Eine regionale Schichtung ist daher nicht möglich, dadurch sind sie bei Regional-studien praktisch nicht einsetzbar.
- Durch die sehr geringe Eintragdichte bei Mobilnummern ist eine Generierung solcher Nummern (RDD) sehr ineffizient.

3　Beispielhafte Lösungswege

Aus unseren vielfältigen Erfahrungen/Kontakten mit ausländischen Kollegen sollen drei typische Beispiele aus den letzten Jahren näher vorgestellt werden.

3.1　Beispiel Finnland

Finnland hat einen sehr hohen Anteil an Haushalten, die nur über Mobiltelefone erreichbar sind (er lag schon 2003 bei rund 30%), eine Integration dieser Haushalte in eine CATI-Stichprobe ist unerlässlich.

Im europäischen Vergleich ist die Verfügbarkeit und der Zugang zu Daten bemerkenswert gut (z. B. in 2003 ein vollständiges Verzeichnis der Festnetzeinträge und ein Straßenverzeichnis). Noch bemerkenswerter ist allerdings die Kooperationsbereitschaft der Marktteilnehmer Post/Telefonanbieter. So konnte das nachfolgend beschriebene Modell einer kombinierten Festnetz/Mobil-Stichprobe realisiert werden:

A)　Festnetzstichprobe, regional geschichtet

B)　Mobilstichprobe der „Mobile-Only-Haushalte" mit den Schritten

- Basis-Stichprobe von Straßen/Straßenabschnitten (landesweit gestreut, Quelle Finnish Post)

- Abgleich der Stichprobe mit den Kundenbeständen der Mobilanbieter

- Daraus Gewinnung der Mobile-Only-Haushalte (Mobil-, aber kein Festnetzanschluss)

C)　Ergänzung der Festnetzstichprobe mit dem erforderlichen Anteil von Mobilnummern aus Schritt B), aufgeteilt in Zellen auf NUTS3-Ebene nach Vorgabe der amtlichen Statistik.

Dieser Ansatz kombiniert Festnetzstichprobe und Mobilstichprobe in nahezu idealer Weise – leider bildet Finnland von den Voraussetzungen her die große Ausnahme, eine paradiesische Insel in Europa.

3.2　Beispiel Frankreich/England

Diese Länder liegen bei den nur mobil Erreichbaren im breiten Mittelfeld; der Anteil lag im Frühjahr 2006 bei etwas über 15% (auf Deutschland übertragen würden bei diesem Anteil Mediastudien, die nur auf Festnetzstichproben basieren, die ZAW-Erfordernisse gefährden). Die große Mehrheit der Mobilnutzer ist aber weiterhin auch über das Festnetz zu erreichen.

Hier gibt es nun vereinzelt Studien, die eine Festnetzstichprobe mit „Nur-Mobilen" anrei-
chern. Dazu wird in einer Mobilstichprobe nach diesem Ausschnitt der Bevölkerung
gescreent. Die große Mehrzahl der per Handy kontaktierten Personen scheidet allerdings
beim Screener aus, da sie über ihren Festnetzanschluss schon im Auswahlrahmen der
Festnetzstichprobe enthalten sind. Das Vorgehen ist damit sehr kostenintensiv im Vergleich zu der realisierbaren Stichprobenaufstockung. Es wird dann eingesetzt, wenn die
Gruppe der Nur-Mobilen einen unverzichtbaren Anteil einer Zielgruppe ausmacht.

In Deutschland ist dieses Stichprobendesign ebenfalls schon praktiziert worden.

Ein interessantes Detail aus der Studienabwicklung wird berichtet: Die Antreffbarkeit der
Nur-Mobilen ist höher als vermutet. Sie schalten das Handy praktisch nie aus – im Gegensatz zu den Personen, die parallel einen Festnetzzugang nutzen können.

3.3 Beispiel Österreich

In Österreich liegen vergleichbare Verhältnisse wie in Frankreich oder England vor, der
Anteil der Nur-Mobilen ist allerdings etwas höher.

Für CATI-Studien ist ein eigenständiges Design entwickelt worden, das Festnetz und
Mobilzugang integriert. Dazu wird fortlaufend in repräsentativen face-to-face-Studien
(z. B. Mehrthemenumfragen) die telefonische Erreichbarkeit (Nutzertyp) in den Dimensionen

- nur Festnetz
- Festnetz und Mobil
- nur Mobil

erhoben. Daraus werden Quoten für spätere CATI-Studien generiert.

Bei einer CATI-Studie kommen parallel eine Festnetzstichprobe und eine Mobilstichprobe
zum Einsatz. In beiden Teilstichproben erfolgt ein Screening nach Nutzertyp

- Festnetz: nur Festnetz / Festnetz und Mobil
- Mobil: nur Mobil / Festnetz und Mobil

und darüber hinaus nach Region. Kontakte können so lange bearbeitet werden, bis die
entsprechenden Quoten (abgeleitet aus der f2f-Studie) erfüllt sind.

Die Gewichtung berücksichtigt tendenziell die Erhebungsform, d. h. Festnetzinterviews
gehen mit Haushaltstransformation und Mobilinterviews untransformiert in die Berechnung ein.

3.4 Fazit

Das Modell Finnland ist einzigartig und nicht auf Deutschland übertragbar.

Das Modell Frankreich/England ist übertragbar und auch schon in Deutschland praktiziert worden. Der Zugewinn an „Nur-Mobil-Erreichbaren" wird allerdings sehr teuer erkauft, weil zu viele Mobilkontakte beim Screening ausscheiden.

Das Modell Österreich ist ebenfalls auf Deutschland übertragbar, es schließt alle drei Nutzertypen ein. Es ist zudem ökonomischer (weniger Fehlkontakte), Nutzerquoten könnten allgemein akzeptierten Großstudien (Allbus, Mediaanalyse) entnommen werden.

Der Komplex Auswahlwahrscheinlichkeit/Gewichtung ist noch mit einigen Fragezeichen behaftet. Festnetzinterviews werden bei der Gewichtung transformiert (Festnetzanschluss ist haushaltsbezogen), Mobilinterviews dagegen nicht (Behandlung wie eine Personenstichprobe).

Eine zufallsgesteuerte Zielpersonenauswahl beim Handykontakt (mit eventueller Weitergabe des Handys an eine andere Person) hat sich generell als nicht praktikabel erwiesen.

4 Umsetzung für Deutschland

4.1 Vorüberlegungen

Im Rahmen der methodischen Weiterentwicklung stellte sich Ipsos im Frühjahr 2006 die Aufgabe, ein Stichprobendesign für Telefonumfragen zu entwickeln, das auch die nur mobil erreichbaren Ausschnitte der Bevölkerung integriert. Das Design sollte darüber hinaus offen sein für die absehbaren Weiterentwicklungen (VoIP) im Telekommunikationsmarkt.

Kontaktzeiten (mehrfaches Anwählen einer Telefonnummer, Terminvereinbarungen, Zielpersonenauswahl, Einwandbehandlung etc.) sind ein wesentlicher Kostenbestandteil beim Telefoninterview. Unter der Annahme sinkender Gebühren im Mobilmarkt kann es daher auch ökonomisch sinnvoll sein, Befragungsbereite per Handy zu befragen. Bei der Entwicklung des Designs standen Telefonkostenfragen daher nicht im Vordergrund.

Ergebnis der Überlegungen war ein Modell mit den folgenden Komponenten:

- Kombinierte Stichprobe aus
    - o Festnetzstichprobe (inkl. Nur-Festnetznutzer)

    und

    - o Mobilstichprobe (inkl. Nur-Mobilnutzer)

- Ermittlung der telefonischen Erreichbarkeit in beiden Teilstichproben über

  o Zahl der Festnetzanschlüsse

  und

  o Zahl der selbst genutzten Handys

- Gewichtung/Transformation berücksichtigt gleichzeitig additiv beide Formen der Erreichbarkeit

- Kein Screening, keine Quotenbildung

Das Modell entspricht damit dem Dual Frame Ansatz[2].

4.2 Realisierung, Feldtest

Ipsos führt seit vielen Jahren ein kontinuierliches Tracking (CATI mit mehreren sich überlappenden Festnetzstichproben) im Konsumgüterbereich durch. Im Frühjahr 2006 sollten erstmals testweise auch die Mobile-Onlys in eine Teilstichprobe aufgenommen werden.

Weiteres Ziel war, mehr Erfahrungen im Umgang mit (großen) Mobilstichproben zu gewinnen. Insbesondere interessierte:

- Ist die ADM-Mobil-Ziehungdatei eine geeignete Auswahlgrundlage?
- Gibt es Schichtungskriterien?
- Gibt es Unterschiede in der Feldarbeit? Wenn ja, welche?
- Wie ist die regionale Verteilung der realisierten Interviews?

Die Umsetzung im Rahmen des Trackings ergab folgendes Bild:

- Grundgesamtheit: Personen im Alter von 18-64 Jahren

- Festnetzstichprobe: ADM-Festnetz mit eingetragenen und nicht eingetragenen Nummern

  o Schichtung nach Bundesland und Ortsgröße

  o Zielpersonenauswahl per Geburtstagsschlüssel

  o n=1.614 realisierte Interviews[3]

  o Feldzeit März/April 2006

---

2   Siehe Beitrag von Siegfried Gabler & Öztas Ayhan.
3   Mit vollständigen Angaben zur telefonischen Erreichbarkeit und den notwendigen regionalen Wichtungsmerkmalen.

- Mobilstichprobe: ADM-Mobil

  o Schichtung nach Providern

  o Zielperson ist der Handynutzer

  o n=987 realisierte Interviews[3]

  o Feldzeit April/Mai 2006

In der Abarbeitung im Feld war die Mobilstichprobe voll vergleichbar mit der Festnetz-stichprobe, es traten keine unvorhersehbaren Probleme auf. Überraschend war eine sehr gute regionale Verteilung über die Bundesländer.

4.3 Gewichtung

Die Festnetz-und Mobiltranche wurden zur gemeinsamen Auswertung zusammengespielt und gewichtet. Gewichtung von ADM-Stichproben meint in der Regel die beiden Komponenten:

A) Transformation von Haushaltsstichprobe in eine Personenstichprobe mit Herstellung einer gleichen Auswahlchance für alle Personen,

B) Redressement, d.h. iterative Anpassung von demografischen Strukturen an die Vorgaben der amtlichen Statistik.

Während die Komponente B) eine Standardanwendung im Institut ist, musste für die Transformation eine neue Formel hergeleitet werden.

Die Basisannahmen zur Transformation im Dual Frame Ansatz sind im Beitrag von Siegfried Gabler & Öztas Ayhan dargelegt, nachfolgend werden daher die gleichen Symbole verwendet.

Bei der Zahl der Nummern werden nur existente, geschaltete Nummern betrachtet, die Abschätzung (55 Mio. Festnetznummern und 80 Mio. Mobilnummern) erfolgte in Abstimmung mit BIK.[4]

---

4   Siehe Beitrag von Christiane Heckel

Festnetz

M^F Zahl der Nummern im Auswahlrahmen

m^F Zahl der Nummern in Stichprobe

k_i^F Zahl der Festnetznummern, über die der Haushalt, in dem Person i wohnt, erreicht werden kann

Z_i Haushaltsgröße des Haushalts, in dem Person i wohnt

Mobilfunk

M^C Zahl der Nummern im Auswahlrahmen

m^C Zahl der Nummern in Stichprobe

k_i^C Zahl der Mobilfunknummern, über die Person i erreicht werden kann

Die Wahrscheinlich für die Befragung ausgewählt zu werden ist

- die Wahrscheinlichkeit in der Festnetzstichprobe ausgewählt zu werden plus
- die Wahrscheinlichkeit in der Mobilstichprobe ausgewählt zu werden.

Auswahlwahrscheinlichkeit $= \dfrac{m^F}{M^F} \cdot k_i^F \cdot \dfrac{1}{Z_i} + \dfrac{m^C}{M^C} \cdot k_i^C, i = 1,...,N$

Durch eine Umformung erhält man

Auswahlwahrscheinlichkeit $= \dfrac{m^F}{M^F} \left[k_i^F \cdot \dfrac{1}{Z_i} + \dfrac{M^F}{m^F} \cdot \dfrac{m^C}{M^C} \cdot k_i^C \right], i = 1,...,N$

Der Auswahlsatz Festnetzstichprobe steht als konstanter Faktor vor der Klammer, er muss daher nicht weiter berücksichtigt werden.

Das Transformationsgewicht eines Interviews ist der Kehrwert seiner Auswahlwahrscheinlichkeit.

Haushaltsgröße und Zahl der Rufnummern Festnetz/Mobil sind individuelle Merkmale jedes Interviews. Der Term aus Zahl der Interviews und Zahl der Nummern im Auswahlrahmen kennzeichnet dagegen das realisierte Stichprobendesign, ist also untersuchungsspezifisch.

$$\text{Transformationsgewicht} = 1 \Bigg/ \left[k_i^F \cdot \frac{1}{Z_i} + \underbrace{\frac{M^F}{m^F} \cdot \frac{m^C}{M^C}}_{} \cdot k_i^C \right], i = 1,...,N$$

Werte im realisierten Test $\underbrace{\dfrac{55\,987}{1614\,80}}_{0,42}$

Die nachfolgenden realen Beispiele demonstrieren einige Effekte des Dual Frame Ansatzes.

Zuerst wird ein Vergleich zwischen traditioneller Transformation als Festnetzstichprobe und Dual Frame Ansatz dargestellt.

Tabelle 1: Beispiele von Transformationsgewichten

Z_i	k_i^F	k_i^C	Tr_FN[5]	Tr_DF[6]
2	0	2	-	1,19
1	0	1	-	2,39
2	1	0	2,00	2,00
4	1	0	4,00	4,00
1	1	1	1,00	0,70
2	3	1	0,67	0,52
4	1	1	4,00	1,50
Mittelwert in Stichprobe			1,66	1,20
Standardabweichung			0,84	0,72

Alle Exklusivnutzer („Nur-Festnetz" und „Nur-Mobil") zeigen ein relativ hohes Transformationsgewicht. Beim Dual Frame Ansatz sind die Gewichte kleiner (näher beim Idealwert „1") und sie streuen weniger stark. Nimmt man zur Transformation noch die zweite Wichtungskomponente, das Redressement, hinzu, ergibt sich folgendes Bild:

---

5 Transformationsgewicht Festnetz
6 Transformationsgewicht Dual Frame

Tabelle 2:   Gütekriterien der Gewichtung

Sex*Age, Bundesland, berufstätig	FN[7]	DF[8]
Effektivität[9]	82,2%	87,8%
Standardabweichung der Gewichte	0,68	0,66

Sex*Age, Bundesland, berufstätig und Nutzertyp[10]		
Effektivität	59,2%	63,1%
Standardabweichung der Gewichte	0,98	0,62

Hier zeigt sich ebenfalls die Überlegenheit des Dual Frame Ansatzes. Ein Grund dafür sind sicherlich die kleineren, weniger stark streuenden Transformationsgewichte.

Es kommt aber noch ein zweiter Grund hinzu: Beide Stichprobenformen Festnetz/Mobil ergänzen sich offenbar. Was in der einen Form schwer zu realisieren ist (junge Männer in Festnetzstichprobe), gelingt in der anderen Form (eher) besonders gut. Es ist zu vermuten, dass dies auch für psychografische Dimensionen zutrifft.

4.4   Schlussfolgerung und Ausblick

Dieser erste größere Test hat gezeigt, dass Mobilstichproben mit vertretbarem Aufwand durchführbar sind. Durch die fallenden Gebühren der Mobilanbieter wird sich die Kostenseite in Zukunft wesentlich günstiger gestalten.

Zur Gewichtung muss eine eindeutige regionale Zuordnung (über die Gemeindekennziffer) sichergestellt werden, Ipsos verwendet dazu jetzt zur Verifizierung im Interview eine PLZ-GKZ-Ortsdatenbank.

Das Mobil-Stichprobensystem des ADM liefert eine geeignete Auswahlgrundlage, sie soll zudem jährlich aktualisiert werden. Eine Schichtung nach Providern (sie haben regionale Vertriebsschwerpunkte) fördert eine gute regionale Streuung der Interviews.

---

7   Festnetz
8   Dual Frame
9   IPF-Wichtung aus dem Quantum-Auswertungsprogramm
10   aus Ipsos Mehrthemenumfrage, telefonische Erreichbarkeit in der Altersklasse 14-65 Jahre:
     Festnetz und Mobil 80,2%, Nur-Mobil 7,6%, Nur-Festnetz 10,6%

Mobilnummern tragen keine Regionalkennungen, die bei der Ziehung berücksichtigt werden können. Das behindert in hohem Maße ihren Einsatz bei Regionalstichproben oder bei regional disproportionalen Stichproben.

Das Zusammenführen von Interviews aus der Festnetzstichprobe und der Mobilstichprobe, d.h. der Dual Frame Ansatz mit einer gemeinsamen Gewichtung, bereitet technisch keine Probleme, das leistet schon eine Standardsoftware wie das weit verbreitete Quantum.

Der zentrale Fortschritt beim Übergang von einer Festnetzstichprobe auf den Dual Frame Ansatz ist, dass die Grundgesamtheit (z. B. Bevölkerung ab 14 Jahre) in der Auswahlgrundlage nahezu vollständig enthalten ist. Auch die Gütekriterien einer Gewichtung (Effizienz, Streuung der Gewichte) zeigen positive Tendenzen. Der Dual Frame Ansatz gleicht offenbar Schiefen in der Erreichbarkeit Festnetz/Mobil aus, vermutlich gilt das auch für andere Merkmale außerhalb der Demografie.

Der Dual Frame Ansatz hat in diesem ersten realen Test viel versprechende Perspektiven aufgezeigt – es lohnt, weiter daran zu arbeiten.

ANLAGE UND VORSTUDIEN DES DFG-PROJEKTES „TELEFONBEFRAGUNGEN IN DER ALLGEMEINBEVÖLKERUNG ÜBER DAS MOBILFUNKNETZ"[1]

GÖTZ SCHNEIDERAT & SABINE HÄDER

Abstract: *Seit 2003 ist die ausschließliche Ausstattung der Haushalte mit Festnetzanschlüssen in Deutschland rückläufig, während der Anteil der exklusiven Mobilfunknutzer steigt. Dieser Anteil wird derzeit auf sieben bis acht Prozent geschätzt (Gabler & Häder, 2005). Da diese Entwicklung sich in den nächsten Jahren beschleunigen wird, wird die Repräsentativität von Bevölkerungsumfragen, deren Ergebnisse nur über das Festnetz gewonnen werden, immer mehr infrage gestellt. Ausgehend von dieser Problematik beschäftigt sich das vorliegende Forschungsvorhaben mit der Möglichkeit, Telefonbefragungen in einer Kombination von Mobilfunk- und Festnetzanschlüssen durchzuführen und das entsprechende Design zu ergründen.*

Im Folgenden soll zunächst die Anlage des DFG-Projekts vorgestellt und das methodische Vorgehen erläutert werden. Im zweiten Teil werden die Ergebnisse aus der Vorstudie I (Pretest) sowie Vorstudie II präsentiert. Dabei stehen die Nutzungsgewohnheiten, die Erreichbarkeit von Handynutzern und die potentielle Teilnahmebereitschaft an Handyumfragen im Fokus der Betrachtungen. Abschließend wird ein Ausblick auf die Haupterhebung gegeben.

---

1   Das DFG-Projekt wurde von Prof. Dr. sc. oec. Michael Häder (Technische Universität Dresden), PD Dr. sc. math. Siegfried Gabler (ZUMA Mannheim) und Dr. oec. Sabine Häder (ZUMA Mannheim) im Oktober 2005 beantragt und zum Mai 2006 bewilligt. Es startete im September 2006.

1   Konzeption des DFG-Forschungsprojekts

1.1   Ausgangssituation / Problemlage

Überlegungen dazu, wie Mobilfunkanschlüsse in Telefonstichproben integriert werden können, bilden den Ausgangspunkt des vorliegenden Forschungsprojektes. Die Befassung mit dieser Problematik erweist sich als notwendig, da der Anteil von Haushalten, die nur über ein Mobiltelefon erreicht werden können, in den letzten Jahren kontinuierlich gestiegen ist, während die Festnetzdurchdringung seit 2003 rückläufig ist. Dabei handelt es sich überproportional häufig um in ostdeutschen Haushalten lebende, meist jüngere, alleinstehende und sich teilweise noch in der Ausbildung befindliche Männer mit geringem Einkommen. Diese Gruppe hat demnach bei telefonischen Umfragen mit Stichproben nach dem Gabler-Häder-Design oder dem ADM-Design keine positive Auswahlchance. Diese besteht nur in dem Fall, wenn diese exklusiven Handynutzer zusätzlich über eine virtuelle Festnetznummer[2] verfügen. Da sich die Gruppe der ausschließlichen Handynutzer, wie bereits erwähnt, hinsichtlich relevanter demographischer Merkmale von den Festnetznutzern unterscheidet, würde deren Nichtbeachtung zu systematischen Verzerrungen in den Stichproben führen.

Aufgrund dieser Entwicklung stehen insbesondere vier Aspekte im Mittelpunkt des Forschungsprojektes:

- Entwicklung eines Auswahlverfahrens für Mobilfunknummern
- Durchführung einer Befragung über das Mobilfunk- und parallel über das Festnetz, um beiden Haushaltstypen eine positive Auswahlchance zu gewähren
- Entwicklung eines Gewichtungsmodells, um beide Teilstichproben kombinieren zu können.

---

2   Unter virtuellen Festnetznummern versteht man Mobilfunkanschlüsse, die zusätzlich innerhalb einer definierten Adresse („Homezone") unter einer Festnetznummer erreichbar sind. Handyverträge mit zusätzlicher Festnetznummer wurden am 1. Juli 1999 von o2 (ehemals VIAG Intercom) eingeführt und seit 2006 auch von Vodafone und T-Mobile vermarktet. Da es sich hierbei um ein reines Mobilfunkprodukt handelt, werden Haushalte, die nur noch über ein Handy (aber mit zusätzlicher Festnetznummer) verfügen, trotzdem in den statistischen Daten als exklusive Mobilfunknutzer geführt, obwohl sie auch bei Festnetzstichproben eine positive Auswahlchance haben (MOBILSAMPLE, 2005, Beitrag von Michael Schneid & Angelika Stiegler in diesem Band).

Zudem verfolgt das Projekt das Ziel, strukturelle Merkmale von Mobilfunknutzern zu erheben, die Bereitschaft zur Teilnahme und das Teilnahmeverhalten bei Mobilfunkbefragungen (einschließlich Non-Response) zu untersuchen sowie Aufschlüsse über vermutete Modeeffekte zwischen Befragungen im Fest- und Mobilfunknetz zu erhalten.

Abbildung 1:   Die Erreichbarkeit verschiedener Zielgruppen

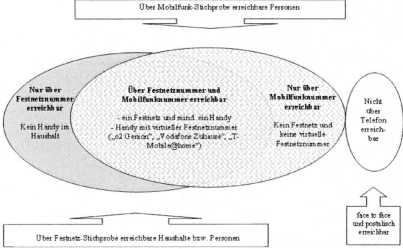

Abbildung 1 zeigt die Erreichbarkeit verschiedener Zielgruppen. Wie bereits erläutert, ist der Anteil der exklusiven Handynutzer steigend. Dies macht Überlegungen notwendig, wie diese Gruppe in einem Stichprobendesign berücsichtigt werden kann. Über Festnetzstichproben können sowohl Haushalte und Personen erreicht werden, welche nur über einen Festnetzanschluss verfügen und dabei kein Handy besitzen, als auch Personen, die sowohl über einen Festnetzanschluss als auch über ein Handy verfügen. Darüber hinaus können auch Personen erreicht werden, die nur noch ein Handy besitzen, falls dieses eine zusätzliche virtuelle Festnetznummer hat („o2 Genion", „Vodafone Zuhause", „T-Mobile@home").

Über eine Mobilfunkstichprobe können alle Personen erreicht werden, die über ein Handy verfügen. Im Gegensatz zur Festnetzstichprobe können auch Personen eingeschlossen werden, welche ausschließlich über eine oder mehrere Mobilfunkrufnummern zu erreichen sind und nicht zusätzlich über einen Festnetzanschluss oder eine virtuelle Festnetznummer im Rahmen ihres Handyvertrages erreichbar sind. Darüber hinaus ermöglicht eine Mobilfunkstichprobe einen viel besseren Zugang zu schwer erreichbaren Personen, die aufgrund ihrer beruflichen Situation und Lebensweise zu den üblichen Anrufzeiten nicht kontaktiert werden können.

Auch mit einer Kombination von Festnetz- und Mobilfunkbefragungen bleiben 1,6 Prozent der Bevölkerung (vgl. Beitrag von Axel Glemser in diesem Band) ohne Telefon für diese Befragungsart ausgeschlossen (undercoverage error).

1.2 Modeeffekte bei Festnetz- und Mobilfunkbefragungen

Das vorliegende Forschungsvorhaben legt einen weiteren Schwerpunkt auf mögliche Modeeffekte zwischen beiden Erhebungsmodes. Eine diesbezügliche Untersuchung stammt von Kuusela und Notkola (1999), welche die Besonderheiten von Telefonumfragen im Mobilfunknetz im Rahmen des Labour Force Survey (LFS) in Finnland analysiert haben. Insgesamt sind 9.930 Fälle in diese Analyse eingegangen, wobei jedes fünfte Interview über ein Handy geführt wurde. Zwischen beiden Erhebungsmodes konnten jedoch keine signifikanten Unterschiede ermittelt werden. Inwiefern sich dieser Befund auch auf Deutschland übertragen lässt, soll in diesem Projekt geprüft werden. Folgende Modeeffekte sind erwartbar und auf ihr Vorhandensein zu prüfen: Soziale Erwünschtheit und Situationseinflüsse, Anwesenheit Dritter, Datenqualität und der Einfluss der Computerunterstützung im Rahmen einer CATI-Erhebung.

1.2.1 Soziale Erwünschtheit und Situationseinflüsse

Seit langem ist in der sozialwissenschaftlichen Profession unumstritten, dass Antworten, die an sozialer Erwünschtheit orientiert sind, ein verzerrtes Ergebnis liefern (Holm, 1974; Esser, 1986; zuletzt Groves et al. 2004: 142f.). Bei Handybefragungen wäre erwartbar, dass dieser Effekt verstärkt auftritt, wenn der Befragte in einem bestimmten öffentlichen Raum erreicht und zur Teilnahme an einer Befragung aufgefordert wird. Hierbei kann sich

„eine durch Sichtbarkeit, Stereotypisierung und situationale Interessen entstehende Er-wünschtheitsneigung als Verhalten manifestieren" (Esser 1986: 326). Zur Kontrolle dieses Effektes wird deshalb die Umgebung erfragt, in welcher sich die Zielperson aufhält.

1.2.2 Anwesenheit Dritter

Zur Frage des Einflusses dritter Personen bei face-to-face-Befragungen liegen zahlreiche empirische Befunde vor (Aquilino, 1993; Zipp & Toth, 2002). Besonders bei Mobilfunk-befragungen ist mit der Anwesenheit Dritter während des Anrufs zu rechnen. Dabei kann es sich sowohl um für den Befragten bekannte Personen als auch um Fremde handeln. Insgesamt ist davon auszugehen, dass die Anwesenheit Dritter das Antwortverhalten beeinflussen kann – vor allem, wenn es sich um sensible Fragen handelt.

Eine französische Studie, welche sich ebenfalls mit dieser Thematik beschäftigt, stammt von Beck, Legleye und Peretti-Watel (2005). Ein Split (13.685 über das Festnetz versus 201 über den Mobilfunk Befragte) ergab, dass vor allem bei Festnetzbefragungen ein wesentlicher Unterschied festgestellt werden kann, ob das Interview im Beisein einer dritten Person durchgeführt wird oder nicht. Diese Differenz ist demgegenüber bei Mobil-funkbefragungen deutlich geringer. Vermutlich handelt es sich bei dritten Personen, wel-che während des Festnetzinterviews anwesend sind, um engere Bekannte oder Mitglieder des Haushaltes, deren Einfluss auf die Zielperson relativ groß ist. Demgegenüber sind bei Mobilfunkinterviews dritte Personen in der Regel unbekannt. Über diese größere Anony-mität kann die geringere Beeinflussung auf das Antwortverhalten der Befragten erklärt werden.

1.2.3 Datenqualität

Gemäß dem kognitionspsychologischen Modell (Strack & Martin, 1987) wird die Ant-wortfindung als mehrstufiger Informationsverarbeitungsprozess verstanden. Befragte müssen in einem ersten Schritt die Frage und deren Stimulus verstehen (Comprehension) und in einem nächsten Schritt für die Beantwortung relevante Informationen aus dem Gedächtnis abrufen (Retrieval). In einem dritten Schritt kommt es auf der Grundlage der aktivierten Informationen zur Urteilsbildung (Judgement) über den jeweiligen Gegenstand beziehungsweise den Frageinhalt. Den letzten Schritt dieses Prozesses bildet die Formu-lierung und Kommunizierung der Antwort (Response).

In allen genannten Phasen kann es auf Seiten des Befragten zu Verständnisschwierigkeiten kommen, die den gesamten Prozess bis hin zur Antwortformulierung beeinflussen können. Diese Verständnisschwierigkeiten können sowohl auf der Frageformulierung als auch auf Besonderheiten der Umgebung beruhen. Aufgrund dieser möglichen Störfaktoren, die den Antwortbildungsprozess negativ beeinflussen können, kann die Qualität der Daten einer Mobilfunkbefragung infolge von Umgebungseinflüssen, aufgrund einer Ablenkung durch andere Tätigkeiten oder auch wegen mangelnder Sprachqualität und schlechten Netzempfangs negativ beeinflusst werden (Beck, Legleye & Peretti-Watel, 2005).

2   Projektablauf

2.1   Entwicklung eines Auswahlverfahrens für Mobilfunkstichproben

Bezüglich des Auswahlverfahrens muss bemerkt werden, dass Mobilfunknummern nur zu einem äußerst geringen Anteil gelistet sind (ca. 2,2 Mio. von 74 Mio.). Daraus ergibt sich, dass sich ein entsprechender Auswahlrahmen nicht analog zu demjenigen für Festnetzstichproben herstellen lässt, wie dies beim Gabler-Häder-Design oder dem ADM-Design der Fall ist.

In einem ersten Schritt gilt es daher, sich der Entwicklung einer Strategie zur Generierung von Mobilfunknummern zuzuwenden, wobei aufgrund der bereits genannten niedrigen Eintragsdichte von Mobiltelefonen in Verzeichnissen für die Rufnummerngenerierung ein Vorgehen nach dem Random Digit-Dialing-Design (uneingeschränkte Zufallsziffernwahl) anzustreben ist.[3]

2.2   Vorstudie I (Pretest)

Nachdem der Fragebogen entwickelt worden war, wurde er im Zeitraum vom 29.5.2006 bis 6.7.2006 einem über das Festnetz geführten Pretest unterzogen. Dazu wurden 55 Personen in Dresdner Haushalten zufällig kontaktiert. Die Telefonnummern wurden nach dem Gabler-Häder-Design gezogen und die Personenauswahl in den Haushalten erfolgte nach der Last-Birthday-Methode. Ziel war es, Handygewohnheiten zu erkunden, wie beispielsweise die Nutzungshäufigkeit und Aufbewahrungsart des Handys, um damit erste Rückschlüsse auf die Erreichbarkeit von Handynutzern ziehen zu können. Des Weiteren

---

3   Mehr zum aktuellen Stand in der Entwicklung eines Auswahlrahmens für Mobilfunkstichproben finden sich bei Christiane Heckel, Siegfried Gabler & Öztas Ayhan und bei Axel Glemser jeweils in diesem Band.

wurden Situationen exploriert, in welchen für die Befragten eine Teilnahme an einer Umfrage via Handy denkbar wäre. Diese Fragen wurden dabei nur an diejenigen Personen gerichtet, die über ein Handy verfügen.

Aus dieser Anpassung des Frageprogramms an das Festnetz als Auswahlgrundlage ergibt sich folgende Filterführung: Sowohl die Kontaktierung als auch das Interview erfolgte bei allen ausgewählten Haushalten über das Festnetz. Verfügte der Befragte über ein Mobiltelefon wurden – wie der untenstehenden Übersicht zu entnehmen – Fragen zur Handynutzung, zu den Nutzungsgewohnheiten sowie zur Teilnahmebereitschaft an Umfragen an ihn gerichtet. Wenn der Befragte über kein Handy verfügte, wurden diese Frageblöcke mittels einer Filterführung übersprungen und neben allgemeinen Fragen (Bundestagswahlabsicht und tägliche Telefondauer) lediglich demographische Angaben erfragt. Ziel dieser Abfrage war es, Aufschlüsse über demographische Merkmale von Handy- und Nicht-Handy-Nutzern zu erhalten.

Abbildung 2:   Fragebogenaufbau Mai bis Juli 2006

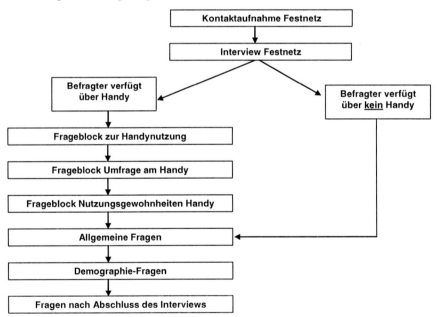

2.3   Vorstudie II

Im Zeitraum vom 13. November 2006 bis zum 29. Januar 2007 wurde der aufgrund der Ergebnisse der Vorstudie I modifizierte Fragebogen einer erneuten Studie unterzogen. Diese Befragung von 940 Personen wurde wiederum über das Festnetz durchgeführt, jedoch nicht nur innerhalb Dresdens sondern bundesweit. Insgesamt konnten 918 vollständige Interviews geführt werden, was einer Ausschöpfungsquote von 23,5 Prozent entspricht.

Diese gering erscheinende Ausschöpfungsquote kann dabei auf folgende Ursachen zurückgeführt werden. Zum einen erfolgte die Erhebung im Rahmen eines Lehrprojekts, wobei die Durchführung der Interviews Studierenden oblag, die sich erstmals im Führen von Telefoninterviews erprobten. Trotz intensiver Schulung erzielen die Kursteilnehmer unter Umständen geringere Ausschöpfungen als erfahrene und talentierte Interviewer. Des Weiteren ist ein Einfluss der Thematik der Umfrage auf die Ausschöpfungsquote zu vermuten, da die technische Ausrichtung der Befragung („Telefonverhalten") die Teilnahmebereitschaft eventuell senkt. Der Abbruch im laufenden Interview war bei dieser Studie vergleichsweise hoch, daher ist die Anzahl der gültigen Interviews auch mit 918 angesetzt, während die Datengrundlage 940 Datensätze aufweist. Eine Analyse der Abbrecher im laufenden Interview zeigt, dass Personen mit einer negativen Einschätzung von Umfragen im Allgemeinen vom Interviewer nicht bis zum Abschluss des Fragebogens motiviert werden konnten. Vor diesem Hintergrund wurden die nachfolgenden Analysen – sofern möglich – unter Einbeziehung der Abbrecher durchgeführt.

Tabelle 1:   Ausschöpfungsübersicht

Bruttostichprobe	11080	100,0
Stichprobenneutrale Ausfälle	7166	64,7
Informationsstimme	4675	42,2
Max. Kontaktversuch erreicht (u. a. kein Anschluss, kein Freizeichen, besetzt)	1254	11,3
Telefonanschluss nicht zuzuordnen	252	2,3
Fax	514	4,6
kein Privathaushalt	336	3,0
Haushalt/ Zielperson spricht kein deutsch	64	0,6
Keine Zielperson im Haushalt vorhanden	52	0,5
Haushalt außerhalb der Grundgesamtheit (geographisch)	11	0,1
Haushalt/ Zielperson zum Thema bereits befragt	8	0,1
Bereinigter Stichprobensatz	3914	100,0
Systematische Ausfälle insgesamt	2996	76,5
Erreichbarkeit:		
Anrufbeantworter	301	7,7
Termin	282	7,2
Zielperson im Befragungszeitraum nicht erreichbar	71	1,8
Befragungsfähigkeit:		
Haushalt/ Zielperson ist schwerhörig, missversteht Anliegen, fühlt sich überfordert	53	1,4
Kooperationsbereitschaft:		
Haushalt/ Zielperson verweigert (prinzipiell, hat keine Lust, ist krank, etc.)	1977	50,5
Kontaktperson/ Zielperson hat sofort aufgelegt	312	8,0
Auswertbare Interviews/ Ausschöpfungsquote	918	23,5

Von besonderer Relevanz ist zudem die Art der Berechnung der Ausschöpfungsquote, um deren Höhe beurteilen zu können. Im vorliegenden Fall wurde diese vergleichsweise „streng" berechnet, da auch während der Feldzeit nicht erreichte Personen (Anrufbeant-worter, nicht abgearbeitete Termine) als systematische Ausfälle deklariert wurden (siehe Tabelle 1). Auch mit Blick auf vergleichbare Ergebnisse anderer Studien kann die Höhe der Ausschöpfungsquote relativiert werden.[4]

2.4   Veränderungen in der Vorstudie II im Vergleich zur Vorstudie I

Wie bereits in Vorstudie I wurden folgende Themenkomplexe erfragt:

* Form des Handybesitzes: personengebundener Besitz vs. Haushaltshandy (Teilen des Handys mit anderen Personen)
* Handygewohnheiten (Nutzungshäufigkeit, Mitnahme des Handys bei außerhäusli-chen Aktivitäten)
* Teilnahmebereitschaft an Umfragen via Handy an und in unterschiedlichen Orten und Situationen

Zudem wurde für diese zweite Vorstudie ein Instrumentarium entwickelt, welches der Abbildung von Modeeffekten dient. Zu diesem Zweck wurde eine Reihe von Tests einge-arbeitet, die zunächst im Rahmen der Festnetzbefragung Effekte bei der Beantwortung der Fragen aufzeigen sollen. Darüber hinaus wurden im Rahmen der Festnetzbefragung zu-künftige Probleme von Handybefragungen simuliert, indem Hintergrundgeräusche (u. a. Haus, Garten, Anwesenheit Dritter), der Telefontyp (Akku- und Empfangsprobleme bei schnurlosen Telefonen) und Handys mit virtuellen Festnetznummern im Fragebogen erfasst wurden. Die Ergebnisse der Untersuchung zu Modeeffekten werden zu einem späteren Zeitpunkt berichtet.

Zusätzlich sollte der Fragebogen „spannender" gestaltet werden. Zu diesem Zweck wur-den einige wenige Fragen entfernt, umformuliert und neue ergänzt. Mit diesen Änderun-gen sollte zusätzlich das Themenspektrum erweitert werden, indem nicht nur Fragen bezüglich des Mobilfunks den Mittelpunkt des Fragebogens bilden, sondern auch allge-

---

4   Voranzustellen ist, dass Ausschöpfungsquoten nicht immer detailliert ausgewiesen werden. Folgende Studien operieren mit z. T. ähnlich strengen Kriterien und erreichen bei gleichem Stichprobendesign folgende Ausschöpfung:
Meulemann und Beckers (2003): Vergleich der Häufigkeit und der Hintergründe habitueller und spontaner Spenden, 32%; Meier, Schneid, Stegemann und Stiegler (2005): Steigerung der Aus-schöpfungsquote von Telefonumfragen durch geschickte Einleitungstexte, zwischen 17,8 % und 28,2% je nach Einleitungstext;
Buchwald (2006): Telefoninterview ist nicht gleich Telefoninterview, knapp 20%.

meine, unterhaltsame Themen. Gleichzeitig ermöglichen diese Fragen den Test von möglichen Fragebogeneffekten (siehe Abbildung 6, S. 78). Im Zuge dessen wurden beispielsweise folgende Bereiche neu in das Frageprogramm aufgenommen:

- Beurteilung der Wichtigkeit der Teilnahme an wissenschaftlichen Befragungen
- Beurteilung der subjektiven Wichtigkeit von Dingen, die man in Deutschland zum Leben „braucht"
- Beurteilung der Wichtigkeit verschiedener gesellschaftlicher Themen

Das Ziel dieser zweiten Vorstudie bestand zusammengefasst darin, den überarbeiteten, interessanteren Fragebogen sowie vermutete Modeeffekte bei Befragungen via Festnetz und via Mobilfunk zu testen.

2.5 Ergebnisse der Vorstudie II[5]

Insgesamt verfügen 78,7 Prozent über ein Handy, welches zu 91 Prozent ausschließlich und zu 3 Prozent überwiegend selbst genutzt und nur selten mit anderen Personen geteilt (6 %) wird. Zumeist teilen sich Paare ein Handy oder es existiert ein Familienhandy, das bei Bedarf herumgereicht wird („wer unterwegs ist, nimmt es mit"). Der größte Teil der Befragten (94 %) verfügt über ein eigenes Handy, das manchmal ausgeliehen wird. Nach dem jetzigen Befund besteht bei der anstehenden Befragung über das Mobilfunknetz keine Veranlassung, eine Haushaltsauswahl vorzuschalten. Das Handy ist fast ausschließlich personenbezogen, zumal die Haushaltshandys (Paar, Familie) aufgrund der meist zweckgebundenen Nutzung nur unregelmäßig eingeschaltet sind.[6]

Als nächstes interessiert die Erreichbarkeit. Während im Festnetzbereich der Anschluss in der Regel immer geschaltet ist (24 Stunden an 7 Tagen) sind Handys nur aktiv, d. h. erreichbar, wenn das Handy eingeschaltet ist und sich in ein Netz einbuchen kann. Der Besitzer des Handys kann also selbst entscheiden, wann, wo und wie lange er das Gerät eingeschaltet hat. Wenn das Gerät nicht empfangsbereit ist, schaltet sich – wenn aktiv – die Mobilbox ein. Da die technische Erreichbarkeit bei der anstehenden Mobilfunkbefragung relevant ist, wurde auch die Empfangsbereitschaft abgefragt.

---

5   Die im Folgenden berichteten Ergebnisse wurden keiner Design-Gewichtung mit der reduzierten Haushaltsgröße unterzogen, da sich herausstellte, dass diese die Qualität der Schätzungen eher verschlechtern würde. Zu dieser Problematik siehe Hartmann, 1990; Hartmann & Schimpl-Neimanns, 1992; Wasmer, Koch & Wiedenbeck, 1991.

6   Nur etwa 52 Prozent der Haushaltshandys werden täglich betrieben, während 83 Prozent der Personenhandys täglich genutzt werden.

Bezogen auf die Häufigkeit der Handynutzung hat fast die Hälfte der Handybesitzer ihr Mobilfunkgerät 24 Stunden angeschaltet und 20 Prozent mehr als 10 Stunden, insgesamt nutzen 81 Prozent der Befragten ihr Handy täglich. 11 Prozent der Befragten schalten ihr Handy zumindest mehrmals in der Woche an. Die verbleibenden 8 Prozent nutzen ihr Handy nur mehrmals im Monat oder seltener, so dass diese nur schwer über den Mobilfunk erreicht werden können.

Abbildung 3:   Handynutzung Vorstudie II

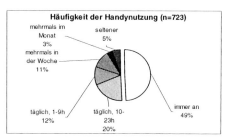

Bezogen auf die Anzahl an Handynummern verfügen 86 Prozent der Befragten über nur eine Handynummer, gefolgt von immerhin 10 Prozent der Befragten, welche zwei Handynummern besitzen. Zudem zeigt sich, dass ein nicht zu vernachlässigender Teil der Befragten über drei und mehr Handynummern verfügt bis hin zu einem Befragten, welcher über mehr als 6 Handynummern verfügt. Dieses Ergebnis verdeutlicht bereits die Problematik, dass die Wahrscheinlichkeit, für eine Befragung ausgewählt zu werden, bei Mobilfunknutzern unterschiedlich hoch ist. Ein möglicher Grund für die Verfügbarkeit mehrerer Handynummern ist die private und geschäftliche Mobilfunknutzung. Eine weitere Möglichkeit ist die Nutzung mehrerer SIM-Karten zur Auswahl unterschiedlicher Tarife. Obwohl es sich bei Mobilfunkstichproben im Vergleich zu Festnetzstichproben, welche als Haushaltsstichproben aufzufassen sind, eher um Personenstichproben handelt, sind diese jedoch offensichtlich nicht selbstgewichtend. Deshalb sollten Gewichtungen nach der Anzahl der Handynummern nicht vernachlässigt werden.

Tabelle 2:   Anzahl privater Handynummern (n= 738)

	n	%
eine	632	85,6
zwei	75	10,2
drei	18	2,4
vier	6	0,8
fünf	3	0,4
sechs oder mehr	1	0,1
weiß nicht	1	0,1
keine Angabe	2	0,3

Etwa die Hälfte der Befragten ist über ein eigenes Handy erreichbar, welches zudem fast immer eingeschaltet ist. Obwohl hiermit eine prinzipielle Erreichbarkeit gegeben ist, muss damit gerechnet werden, dass mehr Kontaktversuche als bei Festnetzbefragungen einzuplanen sind, da die Möglichkeit, die entsprechenden Personen in ungünstigen Momenten zu erreichen, deutlich höher ist (vgl. Fuchs, 2002). Bezüglich der Teilnahmebereitschaft in unterschiedlichen Situationen wurden daher unterschiedliche potentielle Orte abgefragt, in denen es sich die Befragten vorstellen könnten, an einer Befragung via Handy teilzunehmen. Demnach ist die Teilnahmebereitschaft in Bezug auf eine Handy-Befragung dann am höchsten, wenn der Befragte beim Aufräumen in der eigenen Wohnung angerufen wird. Eine Teilnahme ist demgegenüber besonders unwahrscheinlich, wenn der Befragte sich Freunde nach Hause eingeladen hat und in dieser Situation kontaktiert wird. Eine Verweigerung ist in dieser Situation sehr wahrscheinlich (86 Prozent der Befragten). Dabei gilt allerdings, dass die hypothetische Frage nach der Teilnahmebereitschaft nur bedingt Aussagen über eine tatsächliche Teilnahme zulässt. Hier sind vor allem situative Gründe wichtiger als eine manifeste Einstellung gegenüber Umfragen und dem damit verbundenen Teilnahmeverhalten (vgl. Esser, 1986: 326). Die Tatsache, dass einer der Befragten trotz grundsätzlicher Offenheit und nach Beantwortung diverser anderer Fragen genau bei dieser Frage aufgelegt hat, lässt zusätzlich den Schluss zu, dass die Frage nach den potentiellen Orten für eine Teilnahmebereitschaft bei Handy-Befragungen als heikel empfunden wird.

In den meisten Situationen, in denen die Befragten zu einer Teilnahme aufgefordert würden, wäre demnach mit einer Verweigerung zu rechnen. Zu betonen ist allerdings, dass es
sich bei dieser Abfrage um eine Simulation potentieller Orte handelt. So kann damit gerechnet werden, dass das konkrete Erreichen des Befragten in der betreffenden Situation
dennoch zu einer Teilnahme an der Befragung führen könnte.

Abbildung 4:   Situationsbeschreibungen (in %)

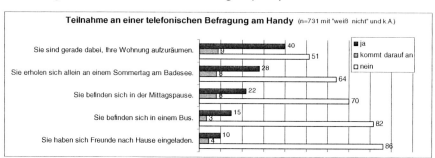

2.6   Handy als Alltagsinstrument

Seit Ende des 20. Jahrhunderts setzt sich das Handy als Massenkommunikationsmittel
durch – auch wenn es dabei das Festnetztelefon bisher nicht verdrängt hat. Die weiterhin
starke Präsenz der Festnetztelefonie hat verschiedene Ursachen, die hier nicht weiter
verfolgt werden können. Obwohl laut Bundesnetzagentur (2007: 70) 84,3 Mio. geschätzte
Mobilfunkteilnehmer existieren, verfügt, wie bereits gezeigt, nicht jeder Bundesbürger
über ein Handy. Darüber hinaus unterscheiden sich auch die Nutzungsgewohnheiten der
Handybesitzer. Anhand der verschiedenen Nutzungsgewohnheiten können die Befragten
in Hinblick auf ihren Umgang mit einem Handy in drei unterschiedliche Gruppen unter-
teilt werden.

Von besonderer Wichtigkeit für eine Befragung via Mobilfunk ist es, Gruppen von Handynutzern (beziehungsweise Nicht-Nutzern) zu bilden, da Nutzungsgewohnheiten in
einem engen Zusammenhang mit der Teilnahmebereitschaft zu Befragungen am Handy
stehen. Zu diesem Zweck müssen folgende Kriterien berücksichtigt werden:

- Wer verfügt grundsätzlich über ein Handy? (Handybesitzer vs. Nicht-Handybesitzer)
- Wie hoch ist die Erreichbarkeitswahrscheinlichkeit? (Handynutzer und Wenig-Handynutzer vs. Nicht-Handynutzer)
- Welche Gruppen von Handynutzern sind zu einer Umfrage am Handy teilnahmebereit?

Anhand dieser Kriterien ergibt sich folgende Klassifikation in drei Gruppen:

1. Kein Handybesitzer
2. Gelegenheitsnutzer
3. Handynutzer

Tabelle 3:   Anzahl privater Handynutzer (n= 926)

	n	%
1. Kein Handybesitz	200	21,6
2. Gelegenheitsnutzer	176	19,0
3. Handynutzer	550	59,4

Zu 1. Die Gruppe, welche über kein Handy verfügt, beläuft sich in der Stichprobe auf 21,6 Prozent. Dieses Ergebnis kann zu der Angabe des Statistischen Bundesamtes in Bezug gesetzt werden, wonach 24 Prozent aller Haushalte im Jahre 2005 über kein Mobilfunktelefon verfügten (Statistisches Bundesamt, 2007).

Zu 2. Gelegenheitsnutzer besitzen zwar ein Handy, haben dieses aber entweder nicht täglich empfangsbereit (eingeschaltet) **oder** haben ihr Handy unterwegs meistens nicht dabei. Als Gelegenheitsnutzer können somit Handybesitzer bezeichnet werden, die nicht die Kriterien der Gruppe der Handynutzer erfüllen (tägliche Empfangsbereitschaft des Handys, Mitnahme des Handys bei außerhäuslichen Aktivitäten).

Zu 3. Handynutzer haben demgegenüber das Handy erstens täglich an (empfangsbereit) **und** nehmen es zweitens meistens oder immer mit, wenn sie unterwegs sind. Diese Gruppe bildet mit fast 60 Prozent den größten Anteil der Stichprobe und ist damit bei Telefonumfragen via Handy prinzipiell am besten zu erreichen.

In der Haupterhebung erfolgt die Kontaktaufnahme sowohl via Festnetz als auch via Mobilfunk. Wie bereits genannt, haben Personen bei einer Festnetzstichprobe, die über kein(e) Festnetz (-nummer) verfügen, keine positive Auswahlchance (7,5 % der deutschen Bevölkerung) und bei einer Mobilfunkstichprobe sind es 24 Prozent der deutschen Bevölkerung, die über kein Handy verfügen (vgl. Abbildung 1, S. 61). Die Entscheidung für nur einen Befragungsmode (Festnetz- oder Mobilfunkstichprobe) schließt damit bestimmte Personen der Grundgesamtheit von vornherein aus (Coverage error).

Darüber hinaus können nicht alle Personen, die über ein Handy verfügen, auch darüber erreicht werden. Nach den Ergebnissen der Vorstudie II kann angenommen werden, dass knapp 60 Prozent der Bevölkerung (bei uns Gruppe 3) über ein Handy kontaktiert werden kann. Inwieweit sich diese Gruppe in ihren demographischen Merkmalen von der Grundgesamtheit unterscheidet, soll nun dargestellt werden.

Über exklusive Handynutzer ist bekannt, dass sie eher männlich, unter 30 bzw. 35 Jahre, Arbeiter und Arbeitslose mit einem Einkommen unter 1300 EUR sind. Außerdem leben sie am ehesten in Ein-Personenhaushalten im Osten Deutschlands (vgl. Beiträge von Axel Glemser und Christiane Heckel).

Nun soll betrachtet werden, wie sich Handynutzer von Gelegenheitsnutzern und Nicht-handynutzern unterscheiden. Dafür werden die oben genannten soziodemographischen Merkmale der exklusiven Handynutzer (nach Statistischem Bundesamt u. a.) mit den Merkmalen der Handynutzer in unserer Vorstudie verglichen. Dabei zeigt sich, dass das Alter den stärksten Einfluss auf den Besitz eines Handys hat. Daher werden die soziodemographischen Merkmale in der mittleren Spalte unabhängig vom Alter dargestellt, in der rechten Spalte findet hingegen eine Kontrolle des Alters statt.

Es gibt keine signifikanten geschlechtsbezogenen Unterschiede zwischen Handynutzern und Nicht-Handynutzern. Kontrolliert man das Alter, so ergibt sich, dass bis zu einem Alter von 40 Jahren anteilmäßig etwas mehr Frauen und ab 40 Jahren etwas mehr Männer zu den Handynutzern gehören. Wie bereits genannt, findet sich der stärkste Zusammenhang zwischen Alter und Handynutzung: Mit steigendem Alter nimmt die Handynutzung signifikant ab. In unserer Vorstudie II sind die Ein-Personen-Haushalte im Hinblick auf Handynutzung nicht überrepräsentiert. Kontrolliert man jedoch das Alter, sind die Ein-Personen-Haushalte bis zum Alter von 40 Jahren stärker vertreten, während sich der Trend bei höherem Alter umkehrt. Inhaltlich lässt sich dies dadurch begründen, dass unter den jüngeren Befragten eher die klassischen Noch-Single-Haushalte in der Phase vor einer möglichen Familiengründung anzutreffen sind, während die Ein-Personen-Haushalte in älteren Lebensphasen zu einem größeren Teil Überbleibsel von Familien darstellen (Kinder aus dem Haus, Scheidung etc.). Im Hinblick auf die Berufstätigkeit zeigt sich auch bei uns, dass die Arbeiter und Arbeitslosen (68 %) bei den Handynutzern stärker vertreten sind als z. B. Hausfrauen (49 %) und Rentner (24 %).

Nach Glemser und nach Heckel (vgl. Beiträge in diesem Band) ist der Anteil der exklusiven Handynutzer im Osten überrepräsentiert. Bisherige Studien gehen davon aus, dass dies in der schnelleren Verbreitung des Handys im Vergleich zum Festnetz im Osten seinen Ausgang genommen hat. Aufgrund der Art unserer bisherigen Befragung (reine Festnetzstichprobe) können wir diesen Trend bisher nicht bestätigen. Bei unseren Auch-Handy-Nutzern ist vielmehr ein leicht überproportionaler Anteil Westdeutscher festzustellen. Somit bleibt es interessant, ob unsere anstehende Hauptstudie den Befund einer Überrepräsentanz exklusiver Handynutzer im Osten der Bundesrepublik bestätigen wird.

In unserer Studie unterliegen die Einkommensgrenzen einer anderen Einteilung als bei Glemser und bei Heckel (vgl. die jeweiligen Beiträge in dieser Veröffentlichung). Als vergleichbare Grenzmarke bietet sich darum am ehesten ein Einkommen über oder unter 1.200 Euro an. Bei diesem Vergleich ergibt sich, dass hier wie dort Menschen mit einem Einkommen unter 1.300 bzw. 1.200 Euro überrepräsentiert sind. Kontrolliert man hingegen bei unserer Studie das Alter, so stellt sich heraus, dass bei einem Alter über 40 Jahren die Handynutzung dann häufiger ist, wenn auch ein höheres Einkommen vorliegt.

Unsere Vorstudie zeigt, dass mit steigendem Schulabschluss auch die Handynutzung steigt. Dabei ist auffällig, dass der Unterschied bis zu einem Alter von 55 Jahren eher gering ist. Der Zusammenhang wird allerdings mit höherem Alter deutlicher. Menschen in der Ausbildung sind in Bezug auf ihre Handynutzung auch bei uns stark überrepräsentiert. Da diese Bevölkerungsgruppe in der Regel jung ist, hebt sich der eben festgestellte Zusammenhang in gewisser Weise wieder auf.

Tabelle 4:   Vergleich zwischen exklusiven Handynutzern und Handynutzern mit zusätzlicher Festnetznummer

	exklusive Handynutzer	Handynutzer	Handynutzer unter Kontrolle des Alters
Quelle	u. a. Glemser; Heckel	Ergebnisse der Vorstudie II	
Geschlecht	männlich	Unterschiede nicht signifikant	bis 40 mehr Frauen, ab 40 mehr Männer
Alter	unter 30 bzw. 35 Jahre	-0,42**[1] (Spearman-Rho)	-
Personen im Haushalt	Ein-Personenhaushalte	Kein signifikanter Zusammenhang	bis 40 Ein-Personenhaushalte, ab 40 Umkehrung
Berufstätigkeit	Arbeiter/ Arbeitslose	Arbeiter/ Arbeitslose	Arbeiter/ Arbeitslose
Ost / West	eher Ost	eher West	Unterschiede nicht signifikant, kein Zusammenhang
Einkommen	unter 1.300 EUR	bis 1.200 EUR	bis 40 Eink. bis 1.200 EUR, über 40 Eink. ab 1200 EUR
Bildung	?	0,17**[2] (Spearman-Rho)	ab 55: 0,20** (Spearman-Rho)
Ausbildung oder fertig	Auszubildende, Lehrlinge, Studierende	Auszubildende, Lehrlinge, Studierende stark überpräsentiert	Unterschiede nicht signifikant

Leselogik:

[1] Mit steigendem Alter vergrößert sich die Gruppe der Wenig- und Nichthandynutzer (1. Kein Handybesitz, 2. Gelegenheitsnutzer, 3. Handynutzer).

[2] Steigende Bildung korreliert positiv mit der Handynutzung.

**p<0,01

Da es sich bei unserer bisherigen Vorstudie um eine reine Festnetzbefragung handelt, kann man davon ausgehen, dass die von uns angestrebte kombinierte Befragung mit zwei Erhebungsmethoden gerade zu den genannten Vergleichswerten neue Erkenntnisse bieten kann, da auf diese Weise auch exklusive Handynutzer per Telefon erreicht werden können. Hinzu kommt, dass die für uns sonst schwieriger zu erreichenden jungen Ein-Personen-Haushalte über eine derartige Befragung besser kontaktiert werden können. Schließlich ist davon auszugehen, dass hier ein Kohorteneffekt wirkt, d. h. die Nichthandynutzer und die Gelegenheitsnutzer im Durchschnitt älter werden.

Was die mögliche Teilnahmebereitschaft bei Handybefragungen betrifft (vgl. Abbildung 4, S. 72), sind Handynutzer in allen Situationsbeschreibungen eher bereit, sich auch über den Mobilfunk befragen zu lassen. Besonders bei der problematischen Situation „Bus" ist die Teilnahmebereitschaft um 7 Prozentpunkte und somit um 70 % höher als bei Wenig-Nutzern.

Abbildung 5: **Situationsbeschreibungen differenziert nach Handynutzer und Wenig-Nutzer (Zustimmung in %)**

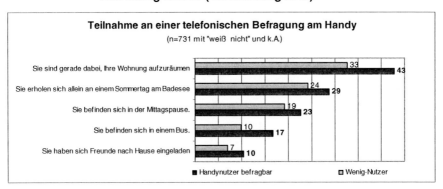

2.7 Ausblick auf die anstehende Hauptstudie

Nach einer weiteren Festnetz-Vorstudie im Sommersemester 2007, die insbesondere die Testung der überarbeiteten Modeeffekt-Fragen zum Inhalt hat, wird im Zeitraum von September 2007 bis November 2007 die Hauptstudie als Kombination einer Festnetz- und Mobilfunknetzstichprobe durchgeführt. In diesem Zusammenhang sollen bundesweit ca. 1.500 Personen über das Festnetz und ca. 1.500 Personen über das Mobilfunknetz befragt werden.

Abbildung 6:   Geplanter Fragebogenaufbau für Hauptuntersuchung 2007

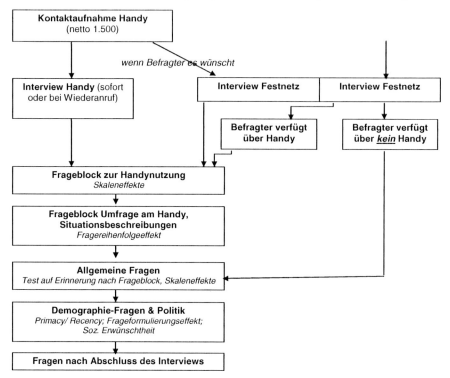

Anmerkung: „wenn der Befragte es wünscht": Dieser Punkt ist nicht ganz unproblematisch. Auch wenn dem Befragten dieser de facto Mode-Wechsel – das Interview statt am Handy am Festnetz durchzuführen – nicht direkt angeboten wird, kann hier eine gewisse Selbstrekrutierung nicht ganz vermieden werden. Der Mode-Wechsel wird protokolliert und dient zur Vermeidung von unit-nonresponse.

Folgende Ziele werden mit der Durchführung der Hauptstudie verfolgt: Angestrebt wird ein Vergleich der Modeeffekte zwischen Befragungen im Mobilfunknetz und Befragungen im Festnetz. Des Weiteren interessieren die soziodemographischen Merkmale von Mobilfunknutzern. Wie bereits in den Vorstudien hypothetisch exploriert, soll die tatsächliche Teilnahme bei Mobilfunkbefragungen Einblicke in die Akzeptanz dieses Erhebungsmodus gewährleisten. Zu diesem Zweck werden die Ausschöpfungsquoten beider Teilstichproben miteinander verglichen. Das Instrumentarium der laufenden Erhebung soll auf die „reinen" Mobilfunkanschlüsse erweitert werden. Es besteht die Annahme, dass bestehende Modeeffekte zwischen Festnetz und Mobilfunknetz nicht größer sind als innerhalb des

Festnetzes, davon einmal abgesehen, dass die Grenzen zwischen Festnetz und Handy durch die Handyverträge mit zusätzlicher Festnetznummer bereits jetzt nahezu fließend sind. Umgekehrt werden schnurlose Festnetztelefone durch ihre neuen Funktionen wie sms den Handys immer ähnlicher. Zudem sind auch bei schnurlosen Festnetztelefonen Effekte durch die Übertragungs- und damit auf die Datenqualität vermutbar. Dazu zählen eine sinkende Akkuleistung sowie Verständnisprobleme, wenn der Befragte an einem Ort kontaktiert wird, an dem aufgrund der Entfernung von der Hauptstation eine schlechte Verbindungsqualität besteht.

Im Sinne verschiedener Teilnahmetheorien wird die Strategie der Teilnahmeerklärung über die soziale Austauschtheorie angenommen. Neben der Beachtung eines hohen antizipierten Nutzens einer Teilnahme und damit verbundener geringer Kosten spielt das Inaussichtstellen von Belohnungen und die Schaffung einer Vertrauensbasis auf Seiten des Befragten eine entscheidende Rolle (vgl. Dillman, 1978). Dazu wird der Einfluss einer Ankündigungs-SMS oder der Einsatz von Incentives (materiell/immateriell) auf die Bereitschaft, sich an einer Befragung am Mobiltelefon zu beteiligen, getestet.

Auch wenn das Festnetz, der Mobilfunk, die Internettelefonie (VoIP) sowie weitere verdrahtete und drahtlose Kommunikationsformen sich weiter verändern werden, bleiben die Bestandteile des Forschungsvorhabens bestehen: Erarbeitung und Aktualisierung des Auswahlrahmens sowie der Gewichtung, Kontrolle der Modeeffekte und Untersuchung der Teilnahmebereitschaft.

Literatur

Aquilino, W. S. (1993). Effect of spouse presence during the interview on survey. Reponses concerning marriage. *Public Opinion Quarterly, 57,* 358-376.

Beck, F., Legleye, S. & Peretti-Watel, P. (2005). Aux abonnés absents: liste rouge et téléphone portable dans les enquêtes en population générale sur les drogues. *Bulletin des Méthodologie Sociologique, 86,* 5-29.

Buchwald, Ch. (2006). Telefoninterview ist nicht gleich Telefoninterview. In Ch. Buchwald (Hrsg.), *Das Telefoninterview – Instrument der Zukunft?* (S. 42-67) Forschungsbericht aus dem Zentrum für Sozialforschung Halle e.V. 06-3.

Bundesnetzagentur (2007). *Jahresbericht 2006.* Zugriff am 03.03.2007, unter http://www.bundesnetzagentur.de/

Dillman, D. A. (1978). *Mail and telephone surveys. The total design method.* New York: Wiley.

Esser, H. (1986). Können Befragte lügen? Zum Konzept des „wahren Wertes" im Rahmen der handlungstheoretischen Erklärung von Situationseinflüssen bei der Befragung. *Kölner Zeitschrift für Soziologie und Sozialpsychologie, 38,* 314-336.

Fuchs, M. (2002). Eine CATI-Umfrage unter Handy-Nutzern. Methodische Erfahrungen aus einem Vergleich mit einer Festnetzstichprobe. In S. Gabler. & S. Häder (Hrsg.), *Telefonstichproben. Methodische Innovationen und Anwendungen in Deutschland* (S. 121-138). Münster: Waxmann.

Groves, R. M., Fowler, F.Y. Jr., Couper, M., Lepkowsky, J. M., Singer, E. & Tourangeau, R. (2004). *Survey Methodology.* New Jersey: Wiley.

Hartmann, P. H. & Schimpl-Neimanns, B. (1992). Sind Sozialstrukturanalysen mit Umfragedaten möglich? *Kölner Zeitschrift für Soziologie und Sozialpsychologie, 44,* 315-340.

Hartmann, P. H. (1990). Wie repräsentativ sind Bevölkerungsumfragen? Ein Vergleich des ALLBUS und des Mikrozensus, *ZUMA-Nachrichten, 26,* 7-30.

Holm, K. (1974). Theorie der Frage. *Kölner Zeitschrift für Soziologie und Sozialpsychologie, 26,* 91-114.

Gabler, S. & Häder, S. (2005). Mitteilung über die Gründung der Arbeitsgruppe MOBILSAMPLE. *ZUMA-Nachrichten, 56,* 111-116.

Statistisches Bundesamt (2007). Wiesbaden, https://www-genesis.destatis.de/ Abgerufen am 12.03.2007.

Strack, M. & Martin, L. (1987). Thinking, judging and communicating: A process account of context effects in attitude surveys. In H.-J. Hippler, N. Schwarz & S. Sudman (Hrsg.), *Social Information Processing and Survey Methodology* (S. 123-148). New York: Springer-Verlag.

Wasmer, M., Koch, A. & Wiedenbeck, M. (1991). Methodenbericht zur „Allgemeinen Bevölkerungsumfrage der Sozialwissenschaften" (ALLBUS) 1990, *ZUMA-Arbeitsbericht 91/13,* Mannheim.

Zipp, J. F. & Toth, J. (2002). She said, He said, They said: The impact of Spousal Presence in Survey Research. *Public Opinion Quarterly, 66,* 177-208.

„VIRTUELLE" FESTNETZNUMMERN: „STOLPERSTEINE" DER UMFRAGEFORSCHUNG?

MICHAEL SCHNEID & ANGELIKA STIEGLER

Abstract: *„Virtuelle" Telefonnummern bestehen - wie auch herkömmliche Festnetznummern – aus einer Ortsvorwahl und der Rufnummer. In der Regel handelt es sich dabei jedoch um einen Mobilfunkanschluss, oft gekoppelt mit einem „Home-Zone"-Tarif. Bei zufallsgenerierten Telefonstichproben finden sich vermehrt solche „virtuellen" Nummern. Im Gegensatz zu normalen Festnetznummern wird der Umgang mit diesen zunehmend problematischer und es gilt Lösungen zu erarbeiten, wie „virtuelle" Festnetznummern zukünftig bei Telefonumfragen behandelt werden sollen.*

1　Einleitung

Die Entwicklungen im Telekommunikationsbereich in Deutschland Anfang der 90er Jahre wirkten und wirken sich nachhaltig auf die telefonische Umfrageforschung aus. So entfiel 1992 die Pflicht, Telefonnummern in öffentliche Verzeichnisse, wie z. B. das Telefonbuch eintragen zu lassen. Dies führte zur Entwicklung neuer Stichprobenverfahren für Telefonumfragen, heute gemeinhin bekannt als Gabler-Häder-Verfahren bzw. ADM-Stichprobensystem. Verbunden mit der Aufhebung des Funktelefonnetz- und –dienstemonopols der Deutschen Telekom erfolgte etwa zeitgleich der Übergang vom analogen zum digitalen Mobilfunknetz - mit der Konsequenz, dass es im Jahre 2006 in Deutschland mit über 82 Millionen Mobilfunkteilnehmern erstmals mehr Handys als Einwohner gab. Gleichzeitig ist eine starke Zunahme an „virtuellen" Festnetznummern im Mobilfunkbereich feststellbar, die sich möglicherweise als „Stolpersteine" bei bevölkerungsrepräsentativen Telefonumfragen erweisen können. Was es mit diesen Rufnummern auf sich hat, wie verbreitet sie sind, welche Probleme bei einer Telefonumfrage auftreten können und wie die weitere Entwicklung von „virtuellen" Festnetznummern aussehen könnte, soll nachfolgend behandelt werden.

2   „Virtuelle" Festnetznummern

„Virtuelle" Festnetznummern wurden in Deutschland erstmals am 5.Juli 1999 durch den
damaligen Mobilfunknetzbetreiber VIAG Interkom mit dem Produkt *Genion Home* eingeführt. Für den Netzbetreiber VIAG Interkom war dies ein Erfolgsprodukt. So hatte der
Mobilfunkbetreiber Ende des Jahres 1999 nur 0,9 Mio. Kunden. Ein Jahr später waren es
3,2 Millionen, das bedeutet eine Zunahme von über 250 Prozent in nur einem Jahr (Wikipedia, 2006).

Bei dem Produkt *Genion Home,* dem heutigen O_2 *Genion,* handelt es sich genau genommen um einen Mobilfunkvertrag mit Festnetzkonditionen. Der Teilnehmer kann dabei
beim Betreiber O_2[1] eine so genannte „Home-Zone" festlegen (diese kann die Wohnung,
aber auch der Arbeitsplatz oder eine andere Örtlichkeit sein), mit einem Regionalbereich,
der mindestens einen Radius von 500 m hat. In Abhängigkeit von den örtlichen Gegeben-
heiten sowie den vorhandenen Mobilfunkmasten kann diese „Home-Zone" in Einzelfällen
durchaus auch etwas größer ausfallen.[2] Innerhalb seiner „Home-Zone" telefoniert der
Teilnehmer dann zu günstigen Festnetzkonditionen.[3] Solange sich der Teilnehmer in
seiner „Home-Zone" aufhält, wird ihm dies durch ein kleines Häuschen auf dem Display
des Telefons angezeigt. Verlässt der Teilnehmer allerdings seine „Home-Zone", dann
werden die Telefonate zu den handelsüblichen Mobilfunktarifen abgerechnet.

Bei dem „Home-Zone"-Tarif erhält der Teilnehmer neben seiner Mobilfunkrufnummer
zusätzlich noch eine Festnetznummer, bestehend aus Ortsvorwahl sowie Teilnehmernummer. D. h. der Teilnehmer kann nicht nur über seine Mobilfunknummer sondern auch
über diese „virtuelle" Festnetznummer angerufen werden. Als „Home-Zone"-Teilnehmer
benötigt man eigentlich keinen stationären Telefonapparat mehr, der Besitz eines Mobilfunktelefons ist völlig ausreichend. So haben auch 20 Prozent der O_2-*Genion* Kunden
keinen Festnetzanschluss mehr (O_2, 2006) sondern führen die Telefonate ausschließlich
über ein Handy.

---

1   VIAG Interkom, im Jahre 1995 gegründet, wurde 6 Jahre später an British Telekom verkauft, die
     die Anteile seiner Mobilfunksparte später an mmO2 veräußerte. Das deutsche Tochterunterneh-
     men von mmO2 erhielt den Namen O2 Germany. Im Januar 2006 erwarb das spanische Tele-
     kommunikationsunternehmen Telefónica dann O2 Germany. Seit 1. September 2006 trägt der
     Mobilfunkbetreiber nur noch den Namen O2.
2   Es gibt allerdings auch noch Regionen, in denen derzeit keine „Home-Zone" verfügbar ist.
3   So kostet derzeit ein Anruf bei O2 aus der „Home-Zone" ins deutsche Festnetz 3 Cent pro Minu-
     te (Stand 28.11.2006).

Bis Mitte Oktober des Jahres 2005 war O_2 alleiniger Anbieter dieser Tarifform. Seit dem 24. Oktober 2005 hat auch der Netzbetreiber Vodafone mit dem Produkt Vodafone Zuhause einen „Home-Zone"-Tarif im Angebot. Und seit 16.Januar 2006 bietet T-Mobile mit T-Mobile@home ebenfalls diesen Tarif an. Auch die Service-Provider debitel und Talkline, die selbst keine eigenen Netze besitzen, sondern Netzvolumen von den Netzbetreibern aufkaufen und vermarkten, bieten mit Vario Home bzw. Talk24 „Home-Zone"-Tarife an. Nur der Mobilfunkanbieter E-Plus verzichtet bislang darauf diesen Tarif anzubieten.

3   Verbreitung „virtueller" Festnetznummern

Um nähere Informationen über die Verbreitung „virtueller" Festnetznummern zu erhalten, wurden bei einer vom ZUMA im Spätherbst des Jahres 2005 in Rheinland-Pfalz durchgeführten repräsentativen Bevölkerungsumfrage den Befragungspersonen am Ende des Telefoninterviews zwei zusätzliche Fragen gestellt. Zunächst sollten die Zielpersonen angeben, ob sie selbst ein oder mehrere Handys besitzen. Da nur Besitzer eines Mobilfunktelefons eine sogenannte „virtuelle" Festnetznummer haben können, wurden diese anschließend gefragt, ob es sich bei der angewählten Telefonnummer (sie wurde dem Interviewer auf dem Bildschirm angezeigt und in der Frage vorgelesen), unter der eben das Interview geführt wurde, um eine „virtuelle" Festnetznummer handelt oder nicht.[4]

In der nachfolgenden Abbildung 1 sind die Ergebnisse auf die Frage nach dem Handy-Besitz dargestellt, wobei erkennbar ist, dass nahezu jede Befragungsperson zwischen 16 und 19 Jahren ein Mobilfunktelefon besitzt. Auch bei den älteren Zielpersonen bis zum Alter von 69 Jahren ist der Besitz eines (oder teilweise auch mehrerer) Handys stark verbreitet. Lediglich bei Befragungspersonen über 70 Jahre gab nur etwa jede 3. Zielperson an, ein Mobilfunktelefon zu besitzen. Die Mehrheit verfügt in dieser Altersgruppe über kein Handy. Die Ergebnisse decken sich im Übrigen mit den Befragungsergebnissen anderer Studien.

Wie schon erwähnt, wurden im Anschluss an die Frage nach dem Handy-Besitz nur die Besitzer von Mobilfunktelefonen danach gefragt, ob es sich bei der angewählten Rufnummer um eine „virtuelle" Festnetznummer handelt. Die Ergebnisse auf diese Frage sind in Abbildung 2 ersichtlich: von den 853 Handy-Besitzern gab jede 20. Zielperson an, dass es sich bei der angewählten Rufnummer um eine „virtuelle" Festnetznummer handelt.

---

4   Die genaue Frageformulierung lautete:
     Ist die Rufnummer, unter der wir Sie jetzt angerufen haben, also xxxxxxxxxxxxxxxxxxx eine "reine" Festnetznummer, mit der Sie nur in der Wohnung telefonieren können oder eine "virtuelle" Festnetznummer, mit der Sie auch über Ihr Mobilfunktelefon bzw. Handy telefonieren können? ("Virtuelle" Festnetznummer ist z. B. O2 Genion Homezone, Vodafone ZuhauseMobil)

Besonders hoch ist der Anteil in der Altersgruppe zwischen 20 und 29 Jahren. Fast 11 Prozent gaben in dieser Gruppe an, dass die Rufnummer „virtuell" sei. Da erst gegen Ende der Feldphase der Mobilfunkbetreiber Vodafone seinen „Home-Zone"-Tarif *Zuhause*[5] auf den Markt gebracht hatte, kann man davon ausgehen, dass es fast ausschließlich Kunden mit einem O_2-*Genion*-Tarif waren, die bei der Umfrage angaben, dass es sich bei ihrer Rufnummer um eine „virtuelle" Festnetznummer handelt.

**Abbildung 1:   Besitz eines bzw. mehrerer Handys
(Alle Befragten. n = 1.118. Prozentangaben)**

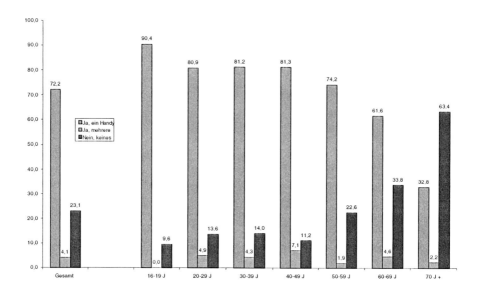

---

5   Bei der Einführung des Tarifs durch Vodafone trug dieser den Namen ZuhauseMobil. Heutzutage werden unter dem Label Zuhause verschiedene Tarifvarianten angeboten (z. B. Zuhause Web, Zuhause Talk&Web).

Abbildung 2:   **Gewählte Telefonnummer ist „virtuell"**
                     (Nur Handy-Besitzer. n = 858. Prozentangaben)

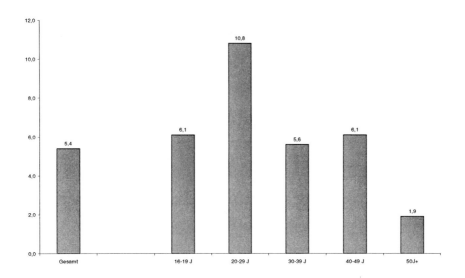

4   Mögliche Probleme mit „virtuellen" Festnetznummern

Bei repräsentativen, telefonisch durchgeführten Bevölkerungsumfragen werden heutzutage normalerweise Stichproben mit zufallsgenerierten Telefonnummern eingesetzt, die nach dem Gabler-Häder-Verfahren (im akademischen Bereich) bzw. dem ADM-Stichprobensystem (im kommerziellen Bereich) erstellt werden (vgl. Gabler & Häder, 2002; Häder, 2000).

Wird bei Telefonumfragen eine Stichprobe mit zufallsgenerierten Festnetznummern, die aus Ortsvorwahl sowie Teilnehmernummer bestehen, verwendet, ist es keinesfalls erkennbar, ob es sich dabei um eine „traditionelle" oder aber um eine „virtuelle" Festnetznummer handelt. Die Interviewerin oder der Interviewer muss also bei der Wahl einer augen-

scheinlichen Festnetznummer immer damit rechnen, dass sich auf der Gegenseite ein
Teilnehmer mit seinem Mobilfunktelefon und einem „Home-Zone"-Tarif meldet.[6]

Im Folgenden wollen wir nur auf diese Gesprächsteilnehmer eingehen, wobei bei der
Kontaktaufnahme zwei Situationen eintreten können. So kann sich zum einen der angeru-
fene Teilnehmer beim Kontakt innerhalb der „Home-Zone" aufhalten. Wird er dabei
innerhalb seiner Wohnung angetroffen, ist das Mobilfunktelefon einem schnurlosen Telefon gleichzusetzen. Probleme technischer wie kommunikativer Art, die eventuell auftreten
können, sind dann identisch mit denen eines schnurlosen Telefons (wie z. B. unzureichende Akkuleistung).

Der Gesprächsteilnehmer kann sich andererseits wohl noch innerhalb seiner „Home-
Zone" aufhalten, befindet sich aber außerhalb seiner Wohnung und nutzt das Mobilfunktelefon als solches. Dabei können die bekannten möglichen schwierigen Interviewsituatio-
nen auftreten, die sich auch bei der Nutzung eines "normalen" Handys durch die Zielperson ergeben können. Der Gesprächsteilnehmer hält sich vielleicht gerade in einer lauten
Umgebung auf, wie z. B. in einer Gaststätte, mit der Konsequenz einer mühevollen
Kommunikation und der Tatsache, dass die Privatsphäre nicht gewährleistet ist, da andere,
in der (unmittelbaren) Nähe des Handys befindliche Personen das Gespräch „mitverfol-
gen" können. Dies gilt aber auch für Gespräche in ruhigen, außerhäuslichen Bereichen
(wie z. B. einer Parkanlage o. ä.). Auch hier können andere Personen zum Teil problemlos
am Telefonat teilhaben, wie man es allerorten selbst erleben kann.

Solange sich ein Teilnehmer also innerhalb des „Home-Zone"-Bereiches aufhält, sind es
vor allem technische (z. B. Akkuleistung, vielleicht auch ein Funkloch etc.) sowie kommunikative (Verständigungsprobleme, Privatsphäre) Faktoren, die problematisch sein
können, wenn eine „virtuelle" Festnetznummer angewählt wird. Befindet sich der Teilnehmer jedoch außerhalb seiner „Home-Zone", wird der Anruf aus dem Bereich auf das
Mobilfunktelefon weitergeleitet. Und für diese Weiterleitung werden von allen Providern
Kosten berechnet, die der Teilnehmer zusätzlich entrichten muss: Ein vermeintlich günsti-
ges Festnetzgespräch wird für den Angerufenen so zum teureren Mobilfunktelefonat.[7]

---

6   In seltenen Fällen kann der Teilnehmer natürlich auch bei einem herkömmlichen Festnetzan-
    schluss eine Weiterleitung auf ein Handy aktiviert haben. Aber dieser Fall ist hier nicht Gegen-
    stand der Betrachtung.
7   Die Kosten für die Weiterleitung belaufen sich derzeit bei allen Providern auf 19 Cent pro ange-
    fangene Gesprächsminute. Dies könnte rechtliche Auswirkungen haben, sollte ein Teilnehmer
    wegen Weiterleitungskosten vor Gericht ziehen. In seinem Urteil vom 27. Oktober 2005 hat das
    Amtsgericht Hamburg u. a. festgehalten, dass „... das Kommunikationsmittel Telefon eher dem
    Briefkasten vergleichbar ist ..." und „... ebenso wenig wie beim Briefkasteneinwurf entstehen ei-

Die eben kurz angeschnittenen Probleme betreffen hauptsächlich die Kontakt- sowie die Interviewphase. Darüber hinaus hat die Praxis gezeigt, dass durch „virtuelle" Festnetznummern auch die Zielpersonauswahl nicht unproblematisch sein kann, wie nachfolgend beschrieben werden soll.

So kann sich nach der Anwahl einer „virtuellen" Festnetznummer, die in der Stichprobe enthalten ist, ein Haushalts- bzw. Familienmitglied melden. Bei der vorzunehmenden Zielpersonenauswahl (z. B. nach der Last-Birthday-Methode o. ä.) erhält der Interviewer dann neben dem Namen der potentiellen Zielperson auch deren „virtuelle" Rufnummer, da im kontaktierten Haushalt jede Person ihre eigene, „virtuelle" Rufnummer besitzt. D. h. die ermittelte Befragungsperson ist nur unter dieser Rufnummer auf ihrem Mobilfunktelefon erreichbar. In diesem Zusammenhang stellt sich die Frage, wie in einem solchen Fall verfahren werden soll: Darf die ausgewählte Person mit ihrer eigenen Rufnummer überhaupt befragt werden, da diese nicht in der Ausgangs-Stichprobe enthalten ist? (Gegenwärtig werden von uns Personen mit einer individuellen „virtuellen" Festnetznummer wie 1-Personen-Haushalte behandelt.)

Durch das Vorhandensein „virtueller" Festnetznummern in der Stichprobe liegt eine Vermischung von Haushalts- und Personenstichprobe vor. Und diese Fälle könnten in Zukunft vermehrt vorkommen. Denken wir hier nur an Personen mit dem Tarif *T-Mobile@home* und der *Family&Friends Option* von T-Mobile (T-Mobile, 2007). Bei diesem Tarif erhält jedes Familienmitglied seine eigene, individuelle Festnetznummer, wobei innerhalb des „Home-Zone"-Bereichs die Mitglieder untereinander kostenlos über interne Kurzwahlen telefonieren können.

5 Entwicklung des Mobilfunkmarktes und insbesondere des Marktes der „virtuellen" Festnetznummern

Als im Jahre 1990 das digitale Mobilfunknetz in Deutschland eingeführt wurde, gab es insgesamt nur 273.000 Mobilfunkteilnehmer (Bundesnetzagentur, 2005, S. 45). In den Folgejahren nahm die Anzahl der Teilnehmer mit Wachstumsraten zwischen 40 (von 1993 auf 1994) und knapp 95 Prozent (von 1990 auf 1991) beträchtlich zu. Von 1999 auf 2000 stieg sprunghaft die Zahl der Mobilfunkkunden von 23 Mio. auf über 48 Millionen an. Dieser extrem starke Anstieg wurde verursacht durch den Verkauf von Prepaid-Karten, da

---

nem Anschlussinhaber durch einen Telefonanruf zusätzliche Kosten." Diese Aussage wäre im Fall von Weiterleitungskosten bei „Home-Zone"-Tarifen eigentlich nicht mehr zutreffend. Vgl. ein Urteil des Amtsgerichts Hamburg-St. Georg, Az. 918 C 413/03 vom 27. Oktober 2005 bei Geisler (2007).

in der Zeit davor nur Laufzeitverträge bei den Mobilfunkbetreibern abgeschlossen werden
konnten. Seit dem Jahr 2002 sind die Steigerungsraten nicht mehr ganz so hoch wie in den
davor liegenden Perioden. Sie bewegen sich zwischen 5 und 11 Prozent jährlich. In der
nachfolgenden Tabelle 1 sind die Teilnehmerzahlen der letzten 3 Jahre aufgeführt. So gab
es im Jahre 2004 72,4 Mio. Mobilfunkteilnehmer und im Folgejahr 79,2 Millionen. Am
1.August 2006 gab es erstmals mehr Handys in Deutschland als Einwohner. Und Ende
2006 belief sich die Zahl der Teilnehmer auf 85,7 Mio.

**Tabelle 1:   Teilnehmer in Mobilfunknetzen
(in Mio. Stand 31.12.2006)**

Provider	2004	2005	2006
T-Mobile	27,6	29,5	31,4
Vodafone	27,2	29,2	30,6
E-Plus	9,7	10,7	12,7
O_2	7,9	9,8	11,0
Gesamt	72,4	79,2	85,7
Veränderung		+ 9,4 %	+ 8,2 %

Betrachten wir nun speziell die Entwicklungstendenz bei Kunden mit einem "Home-
Zone"-Tarif: Bis Mitte Oktober 2005 bot von allen Mobilfunkbetreibern nur O_2 diesen
Tarif an. Zum Jahresende 2005 gab es 3,6 Millionen Kunden mit einem O_2 *Genion*-
Vertrag. Da Vodafone erst im Spätherbst 2005 sein Produkt *Zuhause* auf den Markt brach-
te, liegen für das Jahresende 2005 noch keine Daten über Kunden mit diesem Tarif vor.
Und T-Mobile vermarktet erst seit dem 16. Januar 2006 seinen „Home-Zone"-Tarif
T-Mobile@home.

In der nachfolgenden Tabelle 2 sind die Provider, deren jeweiliges „Home-Zone"-Produkt,
der Zeitpunkt der Markteinführung sowie die aktuellsten Zahlen über die jeweiligen Kunden aufgeführt. Demnach gab es Ende Dezember 2006 7,3 Millionen Teilnehmer mit
einem „Home-Zone"-Tarif gegenüber 3,6 Mio. am 31.Dezember 2005. Die Steigerungsrate liegt damit bei über 100 Prozent. Oder anders ausgedrückt: Die Teilnehmerzahl hat sich

mehr als verdoppelt. Und es ist zu erwarten, dass in Zukunft noch eine Vielzahl von Kunden auf einen „Home-Zone"-Tarif umsteigen wird, zumal seit einiger Zeit auch die Service-Provider wie debitel, Talkline oder mobilcom diese Tarifvariante für die Mobilfunkbetreiber T-Mobile oder Vodafone anbieten.

Tabelle 2:   „Home-Zone"-Produkte und Teilnehmer

			Teilnehmer (in Mio.)	
Provider	Produkt	Einführung am ...	31.12.2005	31.12.2006
O_2	*O_2 Genion*	1.Juli 1999	3,6	$4,2^8$
Vodafone	*Vodafone Zuhause*	24.Oktober 2005		2,0
T-Mobile	*T-Mobile@home*	16.Januar 2006		1,1
Gesamt			3,6	7,3
Veränderung				+ 103 %

6   Zusammenfassung

In Stichproben mit zufallsgenerierten Telefonnummern, die bei bevölkerungsrepräsentativen Telefonstudien eingesetzt werden, gibt es neben den normalen Rufnummern auch „virtuelle" Festnetznummern, die ebenfalls aus der Ortsvorwahl sowie Teilnehmernummer bestehen. Sie sind allerdings nicht herkömmlichen Telefon- sondern Mobilfunkanschlüssen zugeordnet.

Wenn eine solche „virtuelle" Festnetznummer angewählt und die kontaktierte Person vom Interviewer am Handy erreicht wird, können technische (wie z. B. unzureichende Akkuleistung) sowie kommunikative Probleme (wie z. B. Verständigungsschwierigkeiten)

---

8   Am 31.Dezember 2006 gab es 3,9 Mio. Kunden mit dem ‚alten' O2 Genion Tarif, der am 28. November 2006 ersetzt wurde durch eine neue Tarifstruktur mit O2 Genion S/M/L. Für diesen Tarif haben sich im Jahre 2006 309.000 Kunden entschieden (O2, 2007).

auftreten. Und auch die Zielpersonenauswahl kann sich schwierig gestalten, wenn mehrere Teilnehmer eines Haushaltes ihre eigenen Mobilfunktelefone mit ihrer individuellen „virtuellen" Festnetznummer besitzen.

Der Anteil „virtueller" Festnetznummern dürfte zukünftig noch zunehmen. Dies resultiert zum einen aus dem extrem starken Anstieg von Telefonteilnehmern, die sich für einen „Home-Zone"-Tarif entscheiden, bei dem zusätzlich zur Mobilfunknummer noch eine „virtuelle" Rufnummer vergeben wird. Zum anderen wird sich dieser Trend aber auch durch VoIP-Anbieter (wie z. B. Skype, Sipgate, Nokitel etc.) verstärken, bei denen ebenfalls „virtuelle" Festnetznummern zum Telefonieren über das Internet angeboten werden.

Vor diesem Hintergrund ist es ratsam nach Lösungsmöglichkeiten zu suchen, wie mit „virtuellen" Festnetznummern umgegangen werden soll, die bei Telefonumfragen in den Stichproben vorhanden sind, da ansonsten die Feldarbeit durch diese „Stolpersteine" zunehmend mühsamer wird.

Literatur

Bundesnetzagentur (2005). Jahresbericht 2005. Zugriff am 2.November 2006 unter http://www.bundesnetzagentur.de/media/archive/5278.pdf.

Gabler, S. & Häder, S. (Hrsg.) (2002). *Telefonstichproben. Methodische Innovationen und Anwendungen in Deutschland.* Münster: Waxmann Verlag.

Geisler, H. U. (2007). *Amtsgericht Hamburg-St. Georg, Geschäfts-Nr.: 918 C 413/05, Urteil im Namen des Volkes.* Zugriff am 28. Januar 2007 unter http://www.anwalt-geisler.de/urteil001.htm.

Häder, S. (2000). *Telefonstichproben.* ZUMA How-to-Reihe. Nr. 6. Mannheim: ZUMA. Zugriff am 09.12.2006 unter http://www.gesis.org/Publikationen/Berichte/ZUMA_How_to/Dokumente/pdf/how-to6sh.pdf.

O2 (2006). *Höchster Kundenzuwachs seit Bestehen von O2.* Zugriff am 30. Februar 2007 unter http://www.de.o2.com/ext/standard/index?page_id=8876&state=online&style=standard&popup=0.

O2 (2007). *Information kompakt.* Zugriff am 5.März 2007 unter http://www.de.o2.com/ext/standard/index?page_id=1263&tree_id=282&state=online&style=standard. 20070301_Geschaeftszahlen_o2_FY.pdf

T-Mobile (2007). *T-Mobile@home. Zu Hause unglaublich günstig mit dem Handy telefonieren.* Zugriff am 30.Februar 2007 unter http://www.t-mobile.de/athome_family/0,12077,15287-_,00.html.

Wikipedia (2006). *O2 plc: Unternehmensdaten.* Zugriff am 19. Dezember 2006 unter http://de.wikipedia.org/wiki/O2_plc.

VALIDIERUNG EINES FRAGEBOGENS ZUR ERFASSUNG DER ANZAHL VON TELEFONNUMMERN

GERD MEIER

Abstract: *Diese Studie handelt von der Stichprobengenerierung von telefonischen Umfragen. Es geht dabei um die möglichst valide Erfassung der Anzahl von Telefonnummern, unter denen Haushalte in Deutschland erreichbar sind. Diese Zahl wird benötigt, um die Auswahlchance der Haushalte nachträglich per Gewichtung nivellieren zu können. Die Telekommunikationseinrichtungen heutzutage sind so komplex, dass zu befürchten ist, dass mit einfachen Fragen zu Beginn eines Interviews die korrekte Anzahl an Telefonnummern nicht zu erfassen ist. Tatsächlich zeigte sich, dass sich die Befragten bei Einzelfragen zur Telekommunikationseinrichtung erst mit diesem Thema vertraut machen müssen, bevor sie valide die Anzahl der Telefonnummern angeben können. Die Mobilfunknummern und die „virtuellen" Festnetznummern, die man bei einigen Mobilfunkprovidern erhält, werden häufig vergessen.*

Die Stichprobenziehung in der Telefonmarktforschung war bis vor etwa zehn Jahren noch sehr einfach: Es gab nur einen Anbieter für Festnetzanschlüsse, kaum – wie es damals genannt wurde - Geheimnummern, die nicht im „amtlichen" Telefonbuch standen, und der Mobilfunkmarkt steckte noch in den Kinderschuhen und war weit davon entfernt, der Festnetztelefonie Konkurrenz zu machen. Internettelefonie konnte man sich damals noch gar nicht vorstellen.

Das hat sich grundsätzlich geändert. Zunächst nahmen die Telefonnummern zu, die in keinem Verzeichnis veröffentlicht sind. Die Gastgeber unserer Tagung entwickelten daher ein Verfahren, das es gestattete, auch unter diesen Bedingungen repräsentative Telefonnummernstichproben zu ziehen: das Gabler-Häder-Verfahren (Gabler & Häder, 1999). Es ist in der Praxis gut erprobt und wird heutzutage bei den meisten telefonischen Befragungen in Deutschland eingesetzt (Meier & Ignaczak, 1998). Mittlerweile gibt es aber neue Schwierigkeiten, Stichproben zu ziehen, die die Haushalte in Deutschland angemessen repräsentieren: die Mobilfunk- und die Internettelefonie, die in vielen Haushalten die Festnetztelefonie verdrängt haben, sowie die von Haushalt zu Haushalt stark unterschiedliche Anzahl von Telefonnummern, unter denen ein Haushalt erreichbar ist.

Der Kontaktzugang zu den Haushalten funktioniert nun also auf verschiedene Weise und mit unterschiedlicher Wahrscheinlichkeit. Diese Wahrscheinlichkeit ist abhängig von der Anzahl der Telefonnummern, unter denen ein Haushalt erreichbar ist. Sie muss nachträglich per Gewichtung nivelliert werden, um einen Bias in der Stichprobe zu vermeiden. Und dazu muss die Anzahl der Telefonnummern erfragt werden. Wie und ob dies möglich ist, ist Thema der hier vorgestellten Studie: die Validierung eines Fragebogens zur Erfassung der Telefonnummern.

Im Rahmen der Ausbildung in Marktforschung leitete ich ein Lehrforschungsprojekt zu dem hier vorgestellten Thema. 12 Studierende nahmen daran teil und bildeten das Projektteam. Sie entwickelten unter meiner Anleitung zwei Fragebogen zur Erfassung der Telefonnummern, konzipierten die Stichprobenziehung und die Studiendurchführung. Dabei sollten sie das Handwerkszeug der Marktforschung kennen lernen und einüben. Die Interviews wiederum wurden getätigt von Hörern meiner Vorlesung in Marktforschung. Die Interviewer wurden geschult, angeleitet und kontrolliert vom Projektteam.

Den Hintergrund der Studie bietet der Telekommunikationsmarkt in Deutschland, wie er sich zurzeit darstellt. Viele Haushalte oder Personen sind noch erreichbar über Festnetz, viele sind neuerdings erreichbar über Mobilfunk. Ein großer Teil der Bevölkerung hat beides. Dazu kommen neue Wege des Telefonierens via DSL oder TV-Kabel oder die „virtuelle Festnetznummer" des Handys.

In der Festnetztelefonie gibt es nach wie vor die analoge Technik mit nur einer ortsgebundenen Telefonnummer. Dann findet seit einigen Jahren die digitale Technik mit ISDN Verbreitung. Normalerweise gibt es hierbei 3 Festnetznummern. Man kann sich aber auch bis zu 10 Nummern geben lassen. Mittlerweile kostet dies Geld, früher war es kostenlos. Ganz neu ist die Telefonie per TV-Kabel. Hier erhält man üblicherweise 2 Telefonnummern und maximal bis zu 6 Nummern. Die Technik ist noch nicht sehr verbreitet, sie ist aber relativ kostengünstig und hat daher Wachstumschancen. Telefonie per Stromkabel wird seit ein paar Jahren getestet, hat sich aber bisher nicht durchgesetzt und spielt daher keine Rolle.

Der Mobiltelefoniemarkt hat zurzeit folgendes Aussehen: Normalerweise gibt es pro SIM-Karte eine Mobilfunknummer. Aber auch Ausnahmen sind möglich: bei den TwinCards gibt es zwei SIM-Karten mit einer Mobilfunknummer; bei E-Plus gab es früher auch zwei Rufnummern je SIM-Karte. Die Karten sind natürlich noch im Verkehr. Bei T-Mobile gibt es die Family & Friends – Option. Diese ist wegen der „virtuellen Festnetznummer" wichtig. Es gibt bei den drei Anbietern T-Mobile, Vodafone und O2, in bestimmten Tarifen eine „virtuelle" Festnetznummer pro SIM-Karte. Ausnahme: die Family & Friends – Option ermöglicht einer Gruppe bis zu vier Personen je eine Mobil- und Festnetznummer und zusätzlich für die Gruppe eine weitere Festnetznummer. Die Gruppe selbst muss nicht in einem Haushalt leben. Das macht die Stichprobenauswahl natürlich zusätzlich kompliziert.

Zwei weitere Sonderformen möchte ich noch ansprechen: die Internettelefonie, die mittlerweile etabliert ist und eine qualitativ ausreichende Telefonietechnik darstellt, und die Satellitentechnik, um die Aufzählung zu komplettieren. Die Satellitentechnik ist für den Privatnutzer nicht interessant und kann vernachlässigt werden - ganz im Gegensatz zur Internettelefonie, die sicher dazu beigetragen hat, dass so viele Kunden die Deutsche Telekom verlassen haben. Einer der ersten Anbieter war Skype. Hier konnte man per Benutzername miteinander kommunizieren. Die User mussten online sein. Neuerdings gibt es aber auch Schnittstellen zum Festnetz. Und hier kann es auch für die Marktforschung interessant werden. Man kann sich Ortsnetznummern geben lassen – gegen Gebühr. Das ist aber für die meisten Skype-Nutzer weniger interessant. Interessanter ist das Angebot von T-Com mit internet-eigener Vorwahlnummer. Die Nutzer müssen nicht online sein. Sie können mit ganz normalen Telefonen kommunizieren. Hierzu bietet T-Com die Nummern 032 oder 033 an. T-Com ist damit der erste große Anbieter dieser Nummern. Demnach kann man auf lange Sicht diese Nummern in der Stichprobenziehung nicht vernachlässigen. Einfacher hat es die Marktforschung mit den anderen großen DSL-Anbietern wie „freenet" oder 1&1. Diese bieten bis zu vier Ortsnetznummern neben der üblichen Festnutznummer an. Früher konnte man die Vorwahlnummer unabhängig vom Wohnort frei wählen. Diese Nummern existieren natürlich immer noch.

Die Telekommunikationswelt ist also, das sollte die Aufzählung zeigen, mittlerweile sehr kompliziert. Und die Forschungsfrage ist deshalb: Können die ausgewählten Haushalte überhaupt valide ihre Telekommunikationseinrichtung beschreiben und die richtige Anzahl Telefonnummern nennen? Ich frage das deshalb, weil ich in einem Pretest vor einem Jahr feststellen musste, dass ich mit – wie ich dachte – recht einfachen Fragen nicht die korrekten Antworten erhalten habe. Ich fragte meine Studenten, wer über Festnetz erreichbar sei. Das waren sehr wenige. Alle waren per Mobilfunk erreichbar. Also schlussfolgerte ich, dass ein großer Anteil meiner Studenten nur über Mobilfunknummern erreichbar sei. Das war ein Trugschluss, wie eine weitere Frage ergab. Ich fragte, wer von seinem Mobilfunkprovider zusätzlich eine Festnetznummer erhalten habe. Das waren alle diejenigen, die vorher berichteten, sie hätten Mobilfunk und kein Festnetz. Also muss man seine Fragen genau formulieren und berücksichtigen, wie die Befragten die Fragen interpretieren. Der möglichst optimale Fragebogenaufbau sollte in der nun folgend beschriebenen Studie gefunden werden.

Die Studie, die ich hier präsentiere, ist eine Erkundungsstudie mit lediglich 49 Interviews. Die Stichprobe ist also sehr klein. Dabei wurden 2 Fragebogen-Formen getestet mit leicht unterschiedlichem Fragewortlaut und unterschiedlicher Reihenfolge. In der einen Version wird zunächst Festnetz, dann Mobilfunk und Internet behandelt (siehe Anhang), in der zweiten Version steht Mobilfunk an erster und Festnetz an zweiter Stelle. Die Anzahl der Telefonnummern wurde zweimal erfragt: zu Beginn des Interviews und nach den Einzelfragen zur Telekommunikationsausstattung. Dann folgte in jeder Fragebogenversion die Abfrage der Soziodemographie. Das Herzstück der Befragung war die anschließende Validierung, die man nur in persönlichen Interviews durchführen kann. Die Telefonnummern wurden aufgelistet und geprüft, wobei Vertragsunterlagen – wenn nötig – gesichtet wurden.

Die Stichprobenziehung wurde folgendermaßen durchgeführt: Zunächst wurden bevölkerungsproportional dreizehn Straßen Lüneburgs gezogen. Die im Telefonbuch der Deutschen Telekom verzeichneten Haushalte dieser Straßen bildeten einen Pool, aus dem jeweils eine Adresse für jede Straße zufällig gezogen wurde. Diese Adresse diente als Startpunkt für das Random-Route-Verfahren. Die Interviewer erhielten genaue Vorschriften, wie die Straßen zu begehen waren und die Haushalte ausgewählt werden sollten. Pro Straße wurden zehn Haushalte ausgewählt. Die insgesamt 130 Haushalte bildeten den „Bruttoadressenpool" der Studie. Die Haushalte erhielten eine Vorankündigung des Interviews mit Namen und Telefonnummer des Interviewers, eine Beschreibung des Interviewthemas und des Incentives für die Teilnahme am Interview. Hierzu gewann das Projektteam einen Sponsor, der einen Restaurantgutschein für jeden Befragten finanzierte. Zum in der Vorankündigung genannten Termin führten die Interviewer dann die Befragung durch. Es sollten bis zu vier Interviews pro Straße durchgeführt werden. Die nicht befragten, aber ausgewählten Haushalte erhielten ein Absageschreiben. Insgesamt führten 25 Interviewer 49 Befragungen durch.

Die Fragebogenversion hatte keinen Einfluss auf die Ergebnisse. Die Reihenfolge der Fragen spielte demnach keine Rolle. Die zweimalige Erfassung der Telefonnummernanzahl ermöglichte eine Reliabilitätsprüfung der Angaben. In der nachfolgenden Tabelle sind die Differenzen der beiden Angaben aufgeführt. Bei einer Differenz von Null stimmen die beiden Angaben überein. Ist die Differenz negativ, geben die Befragten bei der ersten Frage eine höhere Anzahl von Telefonnummern an als bei der zweiten Frage. Ist die Differenz positiv, ist die zweite Anzahl höher als die erste.

Tabelle 1:   Differenz der Telefonnummernabfragen

2. Abfrage – 1. Abfrage	Häufigkeit	Prozent	Kumulierte Prozent
-1	4	8,2	8,2
0	37	75,5	83,7
+1	3	6,1	89,8
+2	3	6,1	95,9
+3	1	2,0	97,9
+7	1	2,0	99,9

Wie man der Tabelle 1 entnehmen kann, stimmen bei etwa 75% der Befragten die Angaben überein, das heißt etwa jeder Vierte korrigiert seine Angaben. Dabei fällt auf, dass nur 4 Personen die Anzahl der Telefonnummern bei der zweiten Abfrage nach unten korrigierten, also bei der ersten Angabe eine Nummer zuviel angaben. Dagegen korrigierten acht Personen ihre Angaben zum Teil deutlich nach oben. Sie haben also Nummern bei der ersten Angabe „vergessen".

Welche Angabe ist nun die validere? Die erste Abfrage korreliert mit der Validierungsprüfung zu 0,636. Das ist eine signifikante, mittlere Korrelation. Die zweite aber korreliert mit der Validierungsprüfung zu 0,969. Das ist eine fast perfekte Korrelation, die verdeutlicht, dass die zweite Angabe die validere ist. Am Anfang eines Interviews werden meist Mobilfunknummern und „virtuelle" Festnetznummern vergessen.

Man kann das Ergebnis dieser Studie also folgendermaßen zusammenfassen: Die Frage nach der Gesamtzahl an Telefonnummern wird dann valide beantwortet, wenn sich die Befragten über Einzelfragen nach der Telekommunikationsausstattung mit dem Thema vertraut gemacht haben. Bei der ersten Frage vergessen die Befragten am häufigsten Mobilfunknummern und die „virtuellen" Festnetznummern. Letzteres ist insofern bedeutsam, da gerade die Anzahl der Festnetznummern – und dazu gehören eben auch die „virtuellen" Nummern – zur Korrektur der Auswahlwahrscheinlichkeit bei Festnetzstichproben benötigt werden. Wenn die Haushalte vergessen, diese Nummern anzugeben, und neben den „virtuellen" Festnetznummern keinen weiteren Festnetzanschluss haben, werden sie fälschlicherweise als Haushalte klassifiziert, die über Festnetzstichproben nicht erreichbar wären. Das führt dazu, dass man den Anteil der nicht über Festnetzstichproben erreichbaren Bevölkerung überschätzt.

Ich möchte mit diesem Beitrag auf die Bedeutung der Erfassung der Telefonnummern hinweisen und die zunehmende Komplexität der Telekommunikationseinrichtungen aufzeigen. Die korrekte Erfassung der Anzahl von Telefonnummern ist notwendig zur Nivellierung der Auswahlwahrscheinlichkeit. Befragte können die wahre Anzahl von Telefonnummern dann angeben, wenn sie sich mit Hilfe von Einzelfragen mit dem Thema vertraut gemacht haben. Ohne diese Einzelfragen werden Mobilfunknummern und „virtuelle" Festnetznummern häufig vergessen.

Literatur

Gabler, S. & Häder, S. (1999). Erfahrungen beim Aufbau eines Auswahlrahmens für Telefonstichproben in Deutschland. *ZUMA-Nachrichten, 44*, 45–61.

Meier, G. & Ignaczak, J. (1998). Erste Ergebnisse der Umsetzung eines neuen Stichprobendesigns für Telefonumfragen. In S. Gabler, S. Häder & J. H.P. Hoffmeyer-Zlotnik (Hrsg.), *Telefonstichproben in Deutschland* (S. 81-93). Opladen: Westdeutscher Verlag.

Anhang: Fragebogen

Lfd. Nr.:

<u>Fragebogen 1</u>

Datum: Name des Interviewers:

<u>Zu Beginn:</u>
Sehr geehrte(r) Herr / Frau ,
vielen Dank für Ihre Teilnahme an unserer Umfrage der Universität Lüneburg. Im Folgenden werden wir Ihnen, wie angekündigt, einige Fragen stellen, die das Thema „Telefonieren" erfassen sollen. Zu diesem Fragebogen gibt es weder richtige noch falsche Antworten. Bitte antworten Sie möglichst genau und wahrheitsgemäß. Sollten Sie eine der Fragen nicht verstehen, so können Sie selbstverständlich nachfragen.

Alle Fragen beziehen sich nicht nur auf Sie persönlich, sondern auf alle Mitglieder des Haushaltes.

Bei WGs:
Personen, die in einer WG wohnen, werden als einzelne Haushalte angesehen.

[Interviewer: bitte die Antwortmöglichkeiten „weiß nicht" und „keine Angabe" nie mit vorlesen!
Bei Fragen, die durch Filterführung ausgelassen werden, bitte Kästchen durchstreichen.]

1. Sind Sie oder die Mitglieder des Haushaltes telefonisch erreichbar?
01 - ja
00 - nein *(weiter mit Frage 14 Demographie)*
98 - weiß nicht
99 - keine Angabe ....

2. Und wenn Sie mal so nachdenken: Über wie viele Telefonnummern sind Sie oder die Mitglieder Ihres Haushaltes erreichbar, egal, ob mit der Vorwahl Ihres Wohnortes oder 032 bzw. 033 beginnend oder Mobilfunknummern?
Anzahl
98 - weiß nicht
99 - keine Angabe ....

<u>Festnetz:</u>

3. Beginnen wir mit dem Festnetz: Haben Sie einen Festnetzanschluss? Darunter verstehen wir ein Telefon, das in irgendeiner Weise entweder mit der Telefon- oder TV-Dose verbunden ist.
01 - ja
00 - nein *(weiter mit Frage 6 Mobilfunk)*
98 - weiß nicht
99 - keine Angabe ....

1

Lfd. Nr.: ☐

[Korrekturkästchen, falls die nächste Frage 3.1 mit „vodafone", „O2" oder
„t-mobile"beantwortet wird / weiter mit Mobilfunk 6.] .... ☐ ☐

3.1 Welchen Anbieter nutzen Sie für Ihr Festnetztelefon?
00 - Telekom (T-Com)
01 - Alice / Hansenet
02 - Arcor
03 - Kabel Deutschland
04 - Sonstiges:_____
falls Interviewte „vodafone", „O2" oder „t-mobile" angibt, bitte Frage 3 im
Korrekturkästchen korrigieren [vodafone, O2 und t-mobile sind keine Festnetz sondern
nur virtuelle Mobilfunknummern] / weiter mit Mobilfunk 6.)
98 - weiß nicht
99 - keine Angabe .... ☐ ☐

3.2 Handelt es sich hierbei um einen analogen, ISDN- oder Kabel-TV Anschluss?
01 - analog
02 - ISDN
03 - Kabel-TV
98 - weiß nicht
99 - keine Angabe .... ☐ ☐

3.3 Wie viele Telefonnummern wurden Ihnen von Ihrem Anbieter lt. Vertrag
zugeteilt?
Anzahl
98 - weiß nicht
99 - keine Angabe .... ☐ ☐

4. Unter wie vielen verschiedenen Telefonnummern sind Sie über Ihr Festnetz
erreichbar? Dazu zählen auch Telefonnummern, die Sie nicht weitergeben, aber
über die man Sie auch erreichen könnte.
Anzahl
98 - weiß nicht
99 - keine Angabe .... ☐ ☐

5. Besitzen Sie eine Faxnummer?
01 - ja
00 - nein *(weiter mit Frage 6 Mobilfunk)*
98 - weiß nicht
99 - keine Angabe .... ☐ ☐

5.1 Wird beim Anrufen dieser Faxnummer das Telefonat automatisch erkannt und
auf Ihr Festnetz weitergeleitet?
01 - ja
00 - nein *(weiter mit Frage 6 Mobilfunk)*
98 - weiß nicht
99 - keine Angabe .... ☐ ☐

Lfd. Nr.:

5.2 **In einer vorherigen Frage haben Sie gesagt,**
dass Sie unter _____ *(Interviewer: siehe Frage 4)* **Festnetznummern zu**
erreichen sind. Ist die Faxnummer eine dieser Nummern?
01 - ja
00 - nein
98 - weiß nicht
99 - keine Angabe ....

Mobilfunk:
Kommen wir nun zu dem Bereich Mobilfunk.

6. **Über wie viele verschiedene Mobilfunknummern sind Sie und andere Mitglieder**
Ihres Haushaltes erreichbar?
Anzahl   *(wenn Anzahl 0, dann weiter mit Frage 11 Internet)*
98 - weiß nicht
99 - keine Angabe ....

7. **Wie viele davon sind mit einer Prepaid-Karte ausgestattet?**
Anzahl   *(wenn Anzahl der Prepaid-Karten = Anzahl der Mobilfunknummern   dann*
weiter mit Internet Frage 11.)
98 - weiß nicht
99 - keine Angabe ....

8. **Ist es möglich, bei einem dieser Handys den Besitzer mit einer so genannten**
„virtuellen Festnetznummer" zu erreichen, also einer Nummer, die die Vorwahl
Ihres Wohnortes hat?
01 - ja
00 - nein *(weiter mit Frage 11 Internet)*
98 - weiß nicht
99 - keine Angabe ....

9. **Wie viele solcher Festnetznummern für Ihre Handys besitzen Sie in Ihrem**
Haushalt?
Anzahl
98 - weiß nicht
99 - keine Angabe ....

10. **Ist mindestens eines dieser Handys mit weiteren Handys in einem**
gemeinsamen Vertrag verbunden, so dass Sie für diese Gruppe eine
gemeinsame Rufnummer erhalten haben?
(Anmerkung: Hier geht es um den „t-mobile@home family & friends" – Vertrag)
Ja, Anzahl
00 - nein
98 - weiß nicht
99 - keine Angabe ....

3

Lfd. Nr.: ☐

Internet:
Nun gehen wir auf die Möglichkeit des Telefonierens über das Internet näher ein.

11. **Hat Ihr Haushalt einen Internetzugang?**
01 - ja
00 - nein *(weiter mit Frage 13 Zusammenfassung)*
98 - weiß nicht
99 - keine Angabe .... ☐☐

12. **Nutzen Sie Ihren Internetzugang auch zum Telefonieren?**
01 - ja
00 - nein *(weiter mit Frage 13 Zusammenfassung)*
98 - weiß nicht
99 - keine Angabe .... ☐☐

12.1 **Über wie viele Telefonnummern ist Ihr Haushalt über Internetzugang erreichbar?**
Anzahl   *(wenn Anzahl 0, dann weiter mit Frage 13 Zusammenfassung)*
98 - weiß nicht
99 - keine Angabe .... ☐☐

12.2 **Wie viele dieser Telefonnummern haben die Vorwahl 032 oder 033?**
Anzahl
98 - weiß nicht
99 - keine Angabe .... ☐☐

12.3 **Wie viele dieser Telefonnummern haben die Vorwahl Ihres oder eines anderen Wohnortes in Deutschland?**
Anzahl
98 - weiß nicht
99 - keine Angabe .... ☐☐

Zusammenfassung:

13. **Alles in allem, wenn Sie jetzt noch einmal zusammenrechnen: Über wie viele Telefonnummern sind Sie und die Mitglieder Ihres Haushaltes erreichbar, egal, ob mit der Vorwahl Ihres Wohnortes oder mit 032 bzw. 033 beginnend oder Mobilfunknummern?**
Anzahl
98 - weiß nicht
99 - keine Angabe .... ☐☐

4

Lfd. Nr.:

Demographie:
Nun haben wir nun noch einige Fragen zu Ihrem Haushalt.

14. **Geschlecht des Interviewten:**

    01 - weiblich   00 - männlich

15. **Alter des Interviewten**..

16. **Wie viele Personen - Sie eingeschlossen - leben in Ihrem Haushalt?**..

17. **Wie viele Personen davon - Sie eingeschlossen - sind im Alter von...**

    17.1   0 bis 13

    17.2   14 bis 17

    17.3   18 oder älter

18. **Bitte nennen Sie uns den höchsten Bildungsabschluss in Ihrem Haushalt.**
    [Alternativen bitte vorlesen]
    00 - kein Abschluss
    01 - Hauptschulabschluss
    02 - Realschulabschluss (mittlere Reife)
    03 - Abitur/Fachhochschulreife
    04 - Hochschulstudium
    05 - Sonstiges
    98 - weiß nicht

    99 - keine Angabe

19. **In welchem Bereich liegt Ihr monatliches Haushaltsnettoeinkommen, d.h. das Einkommen, das Ihnen nach Abzug von Steuern und Sozialabgaben noch frei zur Verfügung steht? Bitte schätzen Sie notfalls.**
    [Alternativen bitte vorlesen]
    00:   0   - unter 1.000
    01:   1.000 - unter 2.000
    02:   2.000 - unter 3.000
    03:   3.000 - unter 4.000
    04:   4.000   und mehr
    98: weiß nicht

    99: keine Angabe

5

Lfd. Nr.: [   ]

Validierung

An sich ist es unsere Aufgabe festzustellen, ob man mit dem gerade durchgeführten Fragebogen die tatsächliche Anzahl Ihrer Telefonnummern, unter der Sie erreichbar sind, ermitteln kann.

20. **Können Sie diese Nummern bitte alle aufschreiben, damit wir die tatsächliche Erreichbarkeit überprüfen können.**
    (Interviewer: anhängendes Blatt aushändigen)

    Benutzen Sie beim Aufschreiben bitte die Unterlagen Ihres Anbieters.
    Der Zettel bleibt selbstverständlich in Ihrem Besitz.

(Interviewer: während der Proband das ausgehändigte Blatt ausfüllt, bitte folgende Antworten aus dem bisher bearbeiteten Fragebogen übertragen:
Hinweis: Bei Antwort „98" oder „99" nichts übertragen.

Antwort aus Frage 4	[ ][ ]
Antwort aus Frage 9	+ [ ][ ]
Antwort aus Frage 12.3	+ [ ][ ]
Falls 5.1 mit ja beantwortet wurde, 1 hinzuaddieren	+ [ ]
Falls 5.2 mit ja beantwortet wurde, 1 subtrahieren	- [ ]
SUMME	= [ ][ ] → [ ][ ] *(bitte übertragen)*
Antwort aus Frage 6	+ [ ][ ]
Antwort aus Frage 12.2	+ [ ][ ]
21. GESAMTSUMME	= [ ][ ]

(*Interviewer: Wenn Proband fertig, hier fortfahren*)
Haben Sie wirklich alle Rufnummern aufgeschrieben?

Dürfte ich kurz nur die Anzahl der von Ihnen aufgeschriebenen Telefonnummern notieren?
(ausgehändigtes Blatt an sich nehmen, Telefonnummern zählen und hierhin übertragen)

Summe aus Frage 20.1	+ [ ][ ]
Summe aus Frage 20.2	+ [ ][ ]
Summe aus Frage 20.3	+ [ ][ ]
22. GESAMTSUMME	= [ ][ ]

6

Lfd. Nr.:

Anrufprobe

Kommen wir zur letzten Frage. Gerne würde ich jetzt noch die von Ihnen aufgeschriebenen Telefonnummern, die im Haus beantwortet werden können durch Klingeln-lassen ausprobieren.

Bitte markieren Sie dazu die zum jetzigen Zeitpunkt in diesem Haushalt erreichbaren Telefonnummern auf der bereits von Ihnen erstellten Liste, z.B. mit einem Pfeil.

(Interviewer:
- *Liste erneut aushändigen und entspr. Telefonnummern markieren lassen*
- *Liste zurücknehmen*
- *markierte Telefonnummern mit dem mitgebrachten Handy anrufen*
- *vermerken, wie viele der markierten Nummern <u>nicht</u> klingeln:*

23. Anzahl: ☐ ☐

Abschließend

Die Interviewdurchführung wird stichprobenartig durch den Projektleiter überprüft. Hierfür wäre es nett wenn wir eine Ihrer Telefonnummern notieren dürfen.

Telefonnummer:

Vielen Dank für Ihre Zeit und Ihre Unterstützung.

Bei Interesse können wir Ihnen gerne unsere Ergebnisse zusenden.

Falls ja, Email:

Nun dürfen Sie sich auf eine Mahlzeit im ELRADO Steakhouse freuen.
(Interviewer: Gutschein des ELRADO Steakhauses überreichen)

Haben Sie abschließend noch Fragen?

Wir wünschen Ihnen noch einen schönen Abend!

Lfd. Nr.:

Auszuhändigendes Blatt zu Frage 20
Bitte notieren Sie auf dieser Seite alle Ihre Telefonnummern.
Benutzen Sie dabei bitte die Unterlagen Ihres Anbieters.
Der Zettel bleibt selbstverständlich in Ihrem Besitz.

20.1 Festnetznummer (inkl. Faxnummern & virtuellen Festnetznummern)

20.1 Summe:

20.2 Mobilfunknummern

20.2 Summe:

20.3 Internetnummern / VoIP

20.3 Summe:

8

MOBILE WEB SURVEY: MÖGLICHKEITEN DER VERKNÜPFUNG VON ONLINE-BEFRAGUNG UND HANDY-BEFRAGUNG

MAREK FUCHS

Abstract: *Der vorliegende Beitrag beschäftigt sich mit einer derzeit noch wenig genutzten Datenerhebungsmethode für standardisierte Befragungen, die zukünftig aufgrund technischer Entwicklungen (neue Endgräte, schnellere Netze) und der verstärkten Nutzung des mobilen Internets durch Teile der Bevölkerung aber vermutlich vermehrt zum Einsatz kommen wird. Die Methode besteht in der selbst-administrierten Befragung mit Hilfe mobiler Endgeräte, wobei die aus den traditionellen telefonischen Befragungen im Festnetz weiterentwickelten Stichprobenverfahren für die Mobilfunknetze zur Anwendung kommen und auf eine selbst-administrierte Datenerhebung durch Online-Surveys gesetzt wird:*

Mit Hilfe der für die Mobilfunknetze entwickelten RDD-Stichprobenverfahren (vgl. z. B. Vehovar, Dolnicar & Lozar, 2005; Häder & Gabler, 2006; Buskirk & Callegaro, 2007) werden potenzielle Befragte ausgewählt. Diese erhalten eine Einladung zu einer Befragung mit Hilfe eines Intervieweranrufs, einer MMS oder einer SMS, in der die URL zur Befragung eingebettet ist. Die Befragten empfangen diese Einladung auf ihrem mobilen Endgerät (Handy und Mobile Digital Assistant – MDA), klicken auf die zugesendete URL und öffnen den speziell für den kleinen Bildschirm eines mobilen Endgeräts gestalteten Online-Fragebogen zu einem für sie passenden Zeitpunkt. Nachfassaktionen und Erinnerungen sowie Incentives sind analog zu telefonischen Befragungen im Mobilfunknetz möglich.

Der nachfolgende Beitrag bietet noch keine systematische feldexperimentelle Evaluation dieser Befragungsmethode sondern diskutiert in einem vorläufigen Zugang potenzielle methodologische Implikationen. Im ersten Abschnitt (Kapitel 1) werden einige Probleme traditioneller Umfragemodes diskutiert, die den Einsatz mobiler Endgeräte für den Zugang zu den potenziellen Befragten nahe legen. Danach (Kapitel 2) werden Entwicklungen im Bereich der Mobilfunktechnik zusammengefasst, soweit sie für den Einsatz des Mobile Web Surveys relevant sind. Anschließend (Kapitel 3) folgt die Darstellung einer

Demoanwendung, bevor (Kapitel 4) die Implikationen und Folgen dieser Datenerhebungsmethode unter Rekurs auf den Total Survey Error diskutiert werden. Abschließend wird ein Ausblick auf die Anwendungsmöglichkeiten und die methodische Begleitforschung gegeben (Kapitel 5).

1   Probleme traditioneller Umfragemodes

Ein Blick auf die Geschäftszahlen des Arbeitskreises Deutscher Markt- und Sozialforschungsinstitute e. V. (vgl. ADM, 2005) zeigt, dass in den Mitgliedsinstituten (die nach Angaben des ADM etwa drei Viertel des Branchenumsatzes in Deutschland repräsentieren) derzeit schwerpunktmäßig telefonische Interviews und mündlich-persönliche Befragungen durchgeführt werden (zusammen 69 % im Jahr 2005). Zwar hat in den letzten Jahren die Online-Befragung erheblich aufholen können (22 %), doch wird nach wie vor die Mehrzahl der Befragungen interviewer-administriert telefonisch oder mündlich-persönlich durchgeführt, wobei ein Schwerpunkt auf den telefonischen Interviews zu erkennen ist und die Zahl der mündlich-persönlichen Befragungen rückläufig ist.

Zuverlässige Aussagen über die Entwicklung des Nonresponse von mündlich-persönlichen und telefonischen Befragungen über die Zeit sind in der Literatur rar. Zwar wird häufig die Ansicht vertreten, dass diese beiden Befragungsmodes durch Probleme des Noncontact und der Verweigerung derzeit geringere Ausschöpfungsquoten zu gewärtigen haben als noch in den 70er und 80er Jahren, doch gründliche Untersuchungen dieser Entwicklung finden sich nur selten. Entsprechende Studien werden dadurch erschwert, dass über einen so langen Zeitraum hinweg betrachtet nicht nur das Verhalten der potenziellen Befragten Veränderungen unterworfen ist, sondern zugleich verschiedene Aspekte der Umfrageadministration: Dazu gehören beispielsweise der mögliche Wechsel des Modes, Veränderungen der Fragebögen, verstärkte Anstrengungen in der Feldarbeit, die Einführung oder Modifikation von Incentives und viele andere Aspekte mehr. Veränderungen im Bereich von Noncontact und Verweigerungen, die im Zeitverlauf durchaus deutlich werden, sind daher auf verschiedene Faktoren zurückführbar, und nicht ausschließlich und eindeutig auf verstärkte Kontaktprobleme bzw. auf Verweigerungen seitens der Befragten.

Zu den vorliegenden Untersuchungen, die den Nonresponse durch die Kontrolle anderer Faktoren relativ isoliert betrachten können, gehört die Analyse von Curtin, Presser und Singer (2005) auf Basis des Survey of Consumer Attitudes (SCA, Institute for Social Research, University of Michigan, Ann Arbor, USA), die einen Beobachtungszeitraum von fast 30 Jahren zugrunde legen können. Im Verlauf dieser Zeit hat sich an den grundlegenden Merkmalen dieser Untersuchung, die als rollierendes RDD-Panel mit telefonischer

Administration konzipiert ist, wenig geändert. Daher bieten sich die Daten zu Noncontact und Verweigerungen für eine Analyse der langfristigen Entwicklung des Nonresponse an: Die Autoren kommen zu dem Ergebnis, dass in langfristiger Perspektive – mit einigen historischen Schwankungen – im Wesentlichen eine Zunahme des Noncontacts zu verzeichnen ist und zugleich eine leichte Steigerung bei den Verweigerungen. Bei genauerer Betrachtung identifizieren die Autoren drei distinkte Perioden: einen graduellen Rückgang der Ausschöpfungsraten zwischen 1979 und 1989, eine Plateauphase zwischen 1989 und 1996 sowie eine von einem stärkeren Rückgang gekennzeichnete Phase ab 1996 (Curtin et al., 2005). In dieser letzten, von einem stärkeren Rückgang gekennzeichneten Phase, berechnen die Autoren eine durchschnittliche Verringerung der Ausschöpfungsquote um etwa 1,5 Prozentpunkte pro Jahr. Betrachtet man die beiden Hauptkomponenten des Nonresponse, nämlich Noncontact und Verweigerungen, so stellt man eine sich verstärkende Entwicklung bei beiden Komponenten fest, wobei die Noncontacts gegenüber den Verweigerungen aufgeholt haben.

Ähnliche Befunde berichtet Tortora (2004) über eine Gallup Telefonumfrage, die zwischen 1997 und 2003 mit relativ konstantem Design durchgeführt wurde. Nach diesen Daten ist die Kontaktrate im fraglichen Zeitraum um etwa 16 Prozentpunkte abgesunken, während die Kooperationsrate um etwa 11 Prozentpunkte zurückging. Weiter verweist Tortora (2004) auf den immensen Gebrauch von Anrufbeantwortern und anderen technischen Mechanismen zur Vermeidung bzw. zum Screening von telefonischen Kontaktversuchen.

Auf Basis einer Metaanalyse kommen de Leeuw und de Heer (2001) unter Berücksichtigung von Untersuchungen mit verschiedenen Modes aus sechzehn europäischen Ländern und Nordamerika zu dem Ergebnis, dass die Noncontact-Rate jährlich um 0,3 Prozentpunkte ansteigt und dass eine Zunahme bei den Verweigerungsraten im gleichen Umfang festzustellen ist. Bei aller Differenziertheit der Ergebnisse für verschiedene Themen und Länder wird dadurch der generelle Trend steigender Nonresponse-Probleme belegt.

Engel und Schnabel (2004) geben einen umfassenden Überblick über die vorliegenden Nonresponse-Studien und kommen zu dem Ergebnis, dass eindeutige Aussagen über den Nonresponse unabhängig vom Thema, vom Sponsor, von der Art der Administration sowie von den regionalen oder nationalen Besonderheiten kaum zu treffen sind. Dennoch bemerken die Autoren, dass in den Feldorganisationen der meisten Umfrageinstitute in den letzten Jahren verstärkt Anstrengungen zur Kompensation von rückläufigen Kontaktraten und steigenden Verweigerungsquoten unternommen wurden, weshalb sie schließen, dass die Nonresponse-Probleme ohne diese zusätzlichen Anstrengungen vermutlich deutlich sichtbarer angestiegen wären.

Üblicherweise werden geringe Ausschöpfungsquoten als potenziell die Datenqualität gefährdend betrachtet; allerdings ist die Frage nach dem Zusammenhang zwischen Nonresponse und Nonresponse-Bias bisher empirisch kaum geklärt. Aktuelle Studien von Keeter, Miller, Kohut, Groves und Presser (2000) sowie Merkle und Edelman (2002) zeigen nur einen geringen Bias der Umfrageergebnisse aufgrund des Nonresponse. Und auch Groves (2006) kommt in einer ausführlichen Meta-Analyse von 30 Studien zu dem Ergebnis, dass die Nonresponse-Quote allein kein hinreichender Indikator für eine Verzerrung der Befunde darstellt. Andererseits hält auch Groves (2006) fest, dass mit steigender Nonresponse-Quote die Wahrscheinlichkeit für einen Bias steigt. Daher sind die oben diskutierten Nonresponse-Trends in der Umfrageforschung durchaus bedenkenswert.

Im Bereich der telefonischen Befragung haben technologische Entwicklungen die Erreichbarkeit der potentiellen Befragten zusätzlich erschwert: Zwar sind die in den USA als Antwort auf die telefonischen Marketingaktivitäten entwickelten Techniken des Call Blocking in Deutschland bisher wenig verbreitet, und auch die sogenannte Robinsonliste betrifft bisher nur einen kleinen Teil der Population; ernster hingegen wiegt das Problem der Anrufbeantworter, die zum Screenen der eingehenden Anrufe benutzt werden.

Neben diesen technisch verursachten Kontakt-Problemen bei Befragungen im Festnetz sind insbesondere zwei weitere Entwicklungen zu nennen, die die Durchführbarkeit von telefonischen Befragungen zwar nicht in Frage stellen, aber zunehmend erschweren: Dazu gehört zum einen (1) der seit Ende der 90er Jahre einsetzende Rückgang der Festnetzpenetrationsraten – in Deutschland wie auch in anderen Industrienationen. Zum anderen (2) ist der Telekommunikationsmarkt von einer Modifikation des klassischen Festnetzes betroffen, die zwar noch nicht zu einem neuen Standard der Festnetztelekommunikation geführt hat, aber eine Reihe von Anbietern auf den Markt gebracht hat, die jenseits des klassischen Telefonnummernsystems – und damit der Zugänglichkeit im Rahmen von RDD-Befragungen – Telekommunikationsangebote unterbreitet (Voice-over-IP-Anbieter, wie z. B. Skype, Jajah, X-Lite u. a.).

(1) Rückgang der Festnetztelefonie und Zunahme der Mobilfunktelefonie: Ein Blick auf die Festnetzpenetration in den Vereinigten Staaten zeigt, dass der Anteil der Haushalte ohne Festnetztelefonanschluss seit etwa 2001 kontinuierlich ansteigt. Zwar ist die jährliche Steigerungsrate bisher noch moderat, doch ist eine stetige Zunahme des Anteils der nicht über Festnetz erreichbaren Haushalte zu verzeichnen. Ähnliches lässt sich – wenn auch auf niedrigerem Niveau – für die Bundesrepublik Deutschland verzeichnen: Während Ende der 90er Jahre der Anteil der per Festnetz erreichbaren Haushalte gut 98 % betrug, ist seitdem ein Rückgang auf unter 95 % festzustellen.

Eine der treibenden Kräfte hinter dieser Entwicklung ist die Zunahme der Mobilfunktelefonie. Während Ende der 90er Jahre der Anteil der per Mobilfunk erreichbaren Personen/Haushalte noch deutlich unter 50 % betrug, ist derzeit eine Penetrationsrate von sichtbar über 70 % erreicht. Mit der zunehmenden Verbreitung der Mobilfunktelefonie und dem Rückgang der Festnetztelefonie ist die Zunahme der ausschließlich über Mobilfunk erreichbaren Personen verknüpft: Während Ende der 90er Jahre für die Bundesrepublik Deutschland Prozentwerte um etwa 3 % der Bevölkerung errechnet wurden (Fuchs, 2002a, 2002b), die nur über Mobilfunk zu erreichen sind und nicht mehr über ein Festnetztelefon, beträgt der Anteil der entsprechenden Population derzeit ca. 8%. In anderen europäischen Ländern sind ähnliche und z. T. deutlich ausgeprägtere Trends zu beobachten (z. B. Kuusela & Notkola 2005; Kuusela et al., 2007).

Auffällig ist, dass dies nicht für alle Bevölkerungsgruppen in gleicher Weise gilt: So lässt sich beispielsweise für den italienischen Markt festhalten, dass insbesondere auf den italienischen Inseln und im Süden des Landes der Anteil der ausschließlich per Mobilfunk erreichbaren Personen höher ist, als im höher industrialisierten Norden des Landes (Callegaro & Poggio 2004). Neben diesen regionalen, vor allem auf den Industrialisierungsgrad und den Zustand des bisher dort genutzten Festnetzes zurückzuführenden Unterschieden, lassen sich klare Differenzierungen nach Alter aufweisen: So ist von Kuusela, Callegaro und Vehovar (2007) für Finnland aufgezeigt worden, dass der Anteil der ausschließlich per Mobilfunk Erreichbaren unter den bis 25-Jährigen mit deutlich über 80 % einen so hohen Wert erreicht hat, dass in dieser Population Festnetztelefonstichproben beinahe aussichtslos erscheinen. Zwar ist ein kontinuierlicher Rückgang des Anteils der ausschließlich per Mobilfunk Erreichbaren mit steigendem Alter zu verzeichnen, doch selbst in der Gruppe der 64-Jährigen und Älteren sind in Finnland 20 % ausschließlich per Mobilfunk zu erreichen.

In Deutschland legen die Daten zu den sozio-demographischen Besonderheiten der ausschließlich per Mobilfunk erreichbaren Population den Schluss nahe, dass es sich dabei einerseits um gut gebildete junge Menschen (vorzugsweise Studierende) handelt, die noch nicht über einen Festnetzanschluss verfügen (weil ihre Lebensumstände dies nicht erforderlich machen), und zum anderen um Angehörige der unteren sozialen Schichten, die aufgrund knapper Ressourcen die Doppelausstattung mit Festnetz und Mobilfunk scheuen.

Mit der hier angesprochenen – quantitativ wichtiger werdenden – Gruppe der ausschließlich per Mobilfunk Erreichbaren kommen zu den eingangs diskutierten Nonresponse-Problemen erhebliche Coverage-Probleme hinzu, die die Aussagekraft von traditionellen Telefonstudien in Frage stellen.

(2) Voice-over-IP: Neben dem etablierten Festnetz und dem sich dynamisch entwickeln-
den Mobilfunknetz treten neue Anbieter für die verbale Telefonkommunikation auf, die
auf ein Übertragungsprotokoll auf Basis des IP-Netzes setzen. Derzeit ist der Anteil der
Voice-over-IP-Nutzer zwar noch relativ klein und zudem sind die von einigen Anbietern
vergebenen Telefonnummern in das etablierte Telefonnummernsystem der Telekom und
ihrer Konkurrenten integriert (also im Rahmen der klassischen RDD-Stichproben erreichbar, sofern mindestens eine Anschlussnummer in jedem 100er-Block im Telefonbuch
eingetragen ist). Dennoch muss man davon ausgehen, dass ein Teil der derzeit nicht mehr
über das traditionelle Festnetz erreichbaren Personen über Telefonsysteme außerhalb des
klassischen Telefonnetzes und des Mobilfunknetzes verbal kommuniziert. Mit der Etablie-
rung des neuen IP-Netzes in der Version 6 wird die Anzahl der verfügbaren IP-Adressen
um eine ganze Größenordnung zunehmen, wodurch Engpässe bei der Zuweisung von IP-
Adressen für die nächste Dekade behoben sein sollten. Dies wird Voice-over-IP – analog
zu anderen IP-gestützten Diensten – einen weiteren Schub verleihen. Daher kann man
davon ausgehen, dass die Internettelefonie für die schon diskutierten Coverage- und Noncontact-Probleme in den traditionellen Festnetztelefonstichproben eine zusätzliche Herausforderung darstellen wird.

Vor dem Hintergrund der Coverage-, Noncontact- und Verweigerungsprobleme, die für
telefonische Befragungen diskutiert wurden, scheinen Internetumfragen eine kosteneffi-
ziente Methode der Datenerhebung zu sein (vgl. z. B. Couper, 2000; Dillman, 2000;
Vehovar et al. 2005). Allerdings leiden Internetumfragen in der allgemeinen Bevölkerung
unter dem grundsätzlichen Problem, dass Zufallsstichproben von E-Mail-Adressen in der
allgemeinen Bevölkerung, die die Voraussetzung für eine Einladung zur Befragung ohne
Technikbruch darstellen, bisher nicht möglich sind. Als Reaktion darauf wurden in den
letzten Jahren mehrere groß angelegte Online-Access-Panels aufgebaut (vgl. dazu z. B.
Göritz, 2003), die entweder auf Basis von Convenience-Samples und Opt-in-Samples,
oder aber durch Rekrutierung mit Hilfe von telefonisch bzw. mündlich-persönlich befragten Zufallsstichproben gebildet wurden (Enright, 2006). Wegen des nach wie vor beste-
henden Coverage-Problems in der allgemeinen Bevölkerung und der nur noch langsam
steigenden Internetpenetration – sowie aufgrund der auch in Online-Access-Panels gegebenen Nonresponse-Problematik – kann diese Technik für Befragungen in der allgemeinen Bevölkerung nach derzeitigem Stand aber keine schlüssige Alternative zu telefonischen oder mündlich-persönlichen Befragungen bieten. Zwar schlagen einige Kollegen
die Berechnung von Propensity-Scores und eine entsprechende Gewichtung der Daten aus
Online-Access-Panels vor (z. B. Schonlau et al., 2003, Schonlau, van Soest, Kapteyn,

Couper, Winter 2004), jedoch bleibt das grundlegende Problem der Selbstselektivität der meisten Online-Access-Panels sowie das Problem der mangelnden Abdeckung und der sozial selektiven Verteilung von Internetzugängen in der Bevölkerung bestehen.

Mithin steht die Umfrageforschung vor der Herausforderung, auch zukünftig eine kosten-günstige und Daten von hoher Qualität garantierende Datenerhebungsmethode aufweisen zu können. Zwar haben weder telefonische Befragungen noch Face-to-Face-Interviews nach dem derzeitigen Stand der Methodenforschung ausgedient, und natürlich sind auch noch nicht alle methodischen Spielräume zur Optimierung von Internetbefragungen aus-geschöpft. Dennoch stellt sich die Frage nach methodischen Alternativen für die Durch-führung von standardisierten Befragungen in der allgemeinen Bevölkerung bzw. in Spezi-alpopulationen.

2   Technologische Entwicklungen

Bei der Suche nach möglichen Datenerhebungsmethoden sind die technischen und tech-nologischen Entwicklungen im Bereich des Mobilfunks zu berücksichtigen, die zu einer Verlagerung der Kommunikation auf mobile Endgeräte beitragen. Diese sind einerseits von einer zunehmenden Integration von weiteren Funktionen neben der rein verbalen Kommunikation in sogenannte Smart-Phones bzw. MDAs gekennzeichnet und zum ande-ren durch die Vergrößerung der Bandbreite in den verwendeten Datennetzen.

(1) Erweiterte Funktionalität von Mobilfunkgeräten: Die aktuelle Entwicklung auf dem Markt für Mobilfunkgeräte ist gekennzeichnet von der Integration immer weiterer Funkti-onen in die Handys. Neben der digitalen Fotografie, den Organizer-Funktionen, den Un-terhaltungsmedien (MP3-Player, Radio, Spiele) tritt die reine Nutzung als Mobilfunkgerät zum Teil in den Hintergrund. Zwar vereinigt nicht jedes Gerät alle genannten Funktionen, und es gibt zugleich einzelne Retro-Handys ohne weitere Funktionen, doch dominieren unter den neueren Geräten auf dem Markt eindeutig die Multifunktionsgeräte, die neben der Telefonfunktion mindestens einen, häufig aber sogar zwei oder alle drei der gerade genannten zusätzlichen Funktionsbereiche integrieren. Bei diesen sogenannten Smart-Phones oder MDAs ist der integrierte Internetzugang nur eine zusätzliche Funktion unter vielen. Zwar ist der mobile Internetzugang derzeit noch von geringer Bedeutung im Ver-gleich zum Zugang über Festnetz/ISDN bzw. DSL, doch vor dem Hintergrund der erheb-lichen Investitionen in das UMTS-Netz und in die Vermarktung der Smart-Phones kann man von einer weiteren Zunahme des Anteils von internetfähigen mobilen Endgeräten ausgehen.

(2) Neue Netzwerktechnologie: Derzeit wird eine adäquate Nutzung des mobilen Internets noch durch zu schmale Bandbreiten in den Netzen behindert. Die daraus resultierenden langsamen Download-Zeiten verhindern, dass jenseits der für die Smart-Phones entwickelten Sonderseiten (WAP 2.0) das freie Internet in größerem Umfang von mobilen Endgeräten angesprochen wird. Mit dem Entstehen der mobilen Netzwerke oberhalb des klassischen GSM-Netzes sind jedoch Übertragungsraten von 2 Megabit (und mehr) im Download durchaus in greifbare Nähe gerückt (HSDPA). Und mit der Entwicklung von mobilen Endgeräten, die automatisch nach dem schnellsten verfügbaren Netzwerk suchen, einschließlich WLAN, wird der mobile Internetzugriff zumindest in den städtischen Agglomerationen in naher Zukunft selbstverständlich sein. Während die alte WAP 1.0-Technologie lediglich Zugang zu abgespeckten HTML-Seiten erlaubt, die speziell für dieses Übertragungsprotokoll entwickelt wurden, sind die zum Teil vorhandenen modernen Browser (z. B. Opera) auf den mobilen Endgeräten zum Teil schon in der Lage, zusätzlich zum vollen HTML-Standard auch erste Plug-Ins zu nutzen.

Mit der Implementierung des UMTS-Netzes und entsprechender Handy-Verträge im Jahr 2005 fand der mobile Internetzugang weitere Verbreitung. Verglichen mit dem Internet über Festnetz oder Breitband befindet sich das mobile Internet zwar noch in den Anfängen, vergleichbar mit der Situation bei der Nutzung des traditionellen Internets vor etwa zehn Jahren. Aber angesichts der immensen ökonomischen Anstrengungen der Anbieter kann man annehmen, dass das mobile Internet in naher Zukunft an die Popularität des traditionellen, auf dem Festnetz basierenden Internets anschließen wird.

Damit werden Internetbefragungen mit Hilfe von mobilen Endgeräten eine interessante Alternative zu den klassischen Online-Befragungen. Der entscheidende Vorteil der mobilen Internetnutzung gegenüber der Nutzung mit Hilfe von traditionellen Festnetzzugängen bzw. DSL-Zugängen beruht darauf, dass Mobilfunkgeräte über Zufallsverfahren, ähnlich den RDD-Verfahren für die Festnetztelefonie, angesprochen werden können. Damit vereinigt das Mobile Web Survey die Vorteile zweier bisher genutzter Umfragemethoden: Zum einen die zufallsgestützte Stichprobenziehung aus der telefonischen Befragung und zum anderen die Vorteile der Selbst-Administration aus der Online-Befragung.

Einige Marktforschungsinstitute nutzen diese Technologie bereits in Hongkong (Bacon-Shone & Lau, 2006), in den USA (z. B. „Zoom") und Europa (z. B. Globalpark, siehe auch Townsend, 2005; Shermach, 2005). Die methodologischen Implikationen der Nutzung dieser Technik sind jedoch bisher weitgehend unerforscht; in gewissem Sinne stellt sich die Situation vergleichbar der Einführung der Online-Befragung Mitte der 90er Jahre dar, als technologisch versierte „Freaks" die Umfrageforschung im Gewand der Online-Befragung neu erfanden. Erst nach und nach wurden die bereits etablierten Befunde aus der Methodenforschung zur Survey Methodologie auch in diesem Teilsegment der Datenerhebung rezipiert, was mittelfristig das Bewusstsein für das Konzept des Total Survey Errors geweckt und zu einer methodischen Reflexion und Optimierung der Datenqualität in Online-Befragungen beigetragen hat.

3 Demonstrationsstudie

Bisher liegen keinerlei feldexperimentell unterfütterte methodische Erfahrungen mit der Durchführung von Befragungen im mobilen Internet vor. Um eine entsprechende Untersuchung aber vorzubereiten, wurde im Jahr 2005 eine Demonstrationsstudie entwickelt, mit deren Hilfe die grundlegenden technischen Voraussetzungen und die Durchführbarkeit überprüft wurden.[1]

Für die Zwecke dieser Demonstrationsstudie wurde zum einen ein verfügbares Tool zur Gestaltung von Online-Befragungen für die relativ kleinen Bildschirme der mobilen Endgeräte angepasst. Zum Einsatz kam die Online-Plattform www.event-evaluation.de, der ein Modul hinzugefügt wurde, mit dessen Hilfe kleinformatige HTML-Seiten generiert werden können. Für die Zwecke der Demonstrationsstudie wurde ein Kurzfragebogen mit geschlossenen Einfachnennungen konzipiert (www.event-evaluation.de/studien/ mobile05/surveykid.php, vgl. Abb. 2). Zu dieser Befragung wurde ein kurzer Videoclip aufgezeichnet, in dem eine Interviewerin zur Teilnahme an der Befragung auffordert (vgl. Abb. 1).

---

[1] Eine erste Präsentation dieser Demonstrationsstudie erfolgte auf einem Workshop der National Science Foundation im November 2005 in den USA (Fuchs, 2005).

Abbildung 1:   **Einladung zur Mobile Web Befragung, links: mit Hilfe einer MMS, rechts: durch SMS mit integrierter URL**

Dieser Videoclip wurde im Format G3 als MMS an ein mobiles Endgerät gesendet und dort vom Benutzer angesehen. Nach Zustellung der MMS folgte in einem weiteren Schritt die Übersendung einer SMS, in der die URL zur Befragung übermittelt wurde. Durch Klicken auf diese URL startete im Browserfenster des mobilen Endgerätes die Internetanwendung mit der Befragung (vgl. Abb.2).

Abbildung 2:   **Darstellung des Fragebogens auf dem Bildschirm des mobilen Endgeräts**

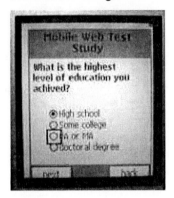

Für die Zwecke dieser Demonstrationsanwendung wurde auf den Schutz des Fragebogens mit Hilfe eines PINs bzw. Passworts verzichtet. Bei der Gestaltung dieser Demonstrationsanwendungen konnten wir auf Vorarbeiten zum Einsatz von SMS bei der Einladung zu Befragungen zurückgreifen (Neubarth, Bosnjak, Bandilla, Couper & Kaczmirek, 2005). Zur Verwendung von aufgezeichneten Videoclips als Einladung zu einer Befragung liegen bisher jedoch noch keine Erfahrungen vor.

4   Diskussion methodischer Implikationen

Die wenigen bisher vorliegenden Publikationen zur mobilen Internetbefragung (vgl. Bates & Ramsey, 2004; Tjostheim, 2005; Bacon-Shone & Lau, 2006; Townsend, 2005; Shermach, 2005) bieten kaum methodologische Erkenntnisse zu den Implikationen dieses Befragungs-Modes für die Komponenten des Total Survey Errors. Zwar beinhalten einige dieser Publikationen Hinweise auf die vielversprechenden Vorteile dieses Vorgehens, um den Noncontact und das Coverage-Problem zu lösen; aber zugleich betonen die Autoren, dass dringend methodologische Grundlagenforschung zum Einfluss dieser Methodologie auf die Komponenten des Survey Errors von Nöten ist, bevor diese Methode auf breiterer Basis eingesetzt werden kann.

Weil bisher kaum systematische Studien zu dieser Methode vorliegen, muss sich die nachfolgende Diskussion methodischer Implikationen auf Befunde und Ergebnisse der Methodenforschung zu Datenerhebungsmethoden stützen, die einen Bezugspunkt für das Mobile Web Survey darstellen. Mit Blick auf die durch den Survey-Mode hervorgerufenen Unterschiede in der Administration einer Befragung ist das Mobile Web Survey zwischen der selbst-administrierten Online-Befragung und der interview-administrierten telefonischen Befragung lokalisiert. Von der telefonischen Befragung übernimmt das Mobile Web Survey die zufallsbasierten Stichprobenverfahren und die interviewer-administrierte Einladung zur Befragung; der selbst-administrierten Online-Befragung gleicht das Mobile Web Survey in Bezug auf die selbständige Bearbeitung des Fragebogens durch den Befragten. Bei einer Abwägung der voraussichtlichen Vor- und Nachteile dieser Methode sind daher sowohl Vergleiche mit der telefonischen Befragung wie auch mit der Online-Befragung erforderlich. Die nachfolgende Diskussion der Vor- und Nachteile basiert auf dem Konzept des Total Survey Errors (z. B. Groves et al., 2004), das es uns ermöglicht, die verschiedenen Komponenten des mit jeder Befragung verknüpften Fehlers aufzuschlüsseln und separat zu diskutieren:

(1) Coverage Error: Die Verbreitung von Smart-Phones und anderen mobilen Endgeräten ist bisher noch vergleichsweise gering; Mobilfunktelefone, bei denen die klassische verbale Kommunikation im Vordergrund steht und allenfalls eine digitale Kamera und andere einzelne Zusatzfunktionen implementiert sind, überwiegen derzeit noch im Markt. Hinzu kommt, dass bisher nur ein Teil der Besitzer von Mobilfunkgeräten, die prinzipiell internetfähig sind, über die technischen Kenntnisse zur Bedienung des mobilen Internets und über einen entsprechenden Vertrag verfügt, der den Internetzugang zu akzeptablen Kosten mit einschließt. Daher kann eine halbwegs vollständige Abdeckung der allgemeinen Bevölkerung mit Hilfe dieser Methode auf absehbare Zeit nicht erreicht werden. Entsprechend ist der Coverage-Error einer der wesentlichen Nachteile dieser Methode.

Andererseits können im Rahmen des Mobile Web Surveys auch die ausschließlich über Mobilfunk Erreichbaren in die Befragung einbezogen werden. Angesichts des noch vergleichsweise kleinen Anteils dieser Gruppe wird der hierdurch gewonnene Vorteil aber wegen der sozial heterogenen Verteilung der Smart-Phones und MDAs nur einen Teil des beschriebenen Coverage-Problems kompensieren können.

Bisher dominieren unter den Nutzern des mobilen Internets diejenigen Gruppen, die auch schon bei der Einführung des traditionellen Internets und des Mobilfunks allgemein zu den Early Adopters gehörten. Dazu gehören im Wesentlichen die an technischen Innovationen interessierten (jungen, gut gebildeten) Männer, sowie aufgrund der bisher noch recht hohen Kosten des mobilen Internetzugangs Geschäftsleute bzw. Personen mit vergleichsweise hohem Einkommen. Die bei der Nutzung des traditionellen Mobilfunknetzes erkennbare Tendenz, wonach unter den ausschließlich über Mobilfunk erreichbaren Teilpopulationen auch Mitglieder unterer sozialer Schichten und Personen mit geringem Einkommen zu finden sind (z. B. Fuchs, 2002b), ist derzeit für die Nutzung des mobilen

Internets noch nicht dokumentiert. Trotz dieser immensen Coverage-Probleme eignet sich die Methode aber natürlich in Populationen, für die eine relativ vollständige Abdeckung unterstellt werden kann, wie z. B. Kunden entsprechender Internetangebote oder Gruppen, die mit ihrem mobilen Endgerät registriert sind.

(2) Sampling Error: Verfahren zur Ziehung von Mobilfunkstichproben sind bisher noch nicht standardisiert, aber es gibt verschiedene Ansätze (Vehovar et al., 2005; Häder & Gabler, 2006; Biskirk & Callegaro, 2007; Brick, Dipko, Presser, Tucker, & Yaun 2006), die von den klassischen Methoden der RDD-Stichproben im Festnetz ausgehen (Mitofsky, 1970; Waksberg, 1978, Gabler & Häder, 1997). Ganz analog zu den etablierten Methoden der Stichprobenziehung im Festnetz reduzieren Stichproben in den Mobilfunknetzen die Klumpenbildung, was den Design-Effekt in Grenzen hält. Für die Stichprobenziehung erleichternd kommt hinzu, dass Mobilfunkgeräte und andere mobile Endgeräte – zumindest in den Industrienationen – als persönliche Ausstattung angesehen werden und kaum innerhalb eines Haushalts oder zwischen Familienmitgliedern ausgetauscht werden. Daher sind Mechanismen zur Auswahl von Zielpersonen innerhalb des Haushalts (vgl. Binson, Canchola & Catania, 2000 für einen Überblick) bei Nutzung von Mobilfunknummern nicht erforderlich, was ebenfalls positiv auf den Design-Effekt wirkt.

Da aber andererseits im Bereich der Mobilfunknummern die Unterscheidung zwischen eindeutig privaten Mobilfunkgeräten und eindeutig geschäftlich genutzten Mobilfunkgeräten schwerer zu treffen ist (vgl. Fuchs, 2002a), folgen bisher wenig dokumentierte Unschärfen für die Stichprobenziehung. Für die Feldarbeit ist zudem zu berücksichtigen, dass die Identifizierung von Smart-Phones und anderen für das mobile Internet geeigneten Endgeräten allein aufgrund der verwendeten Mobilfunknummer nicht möglich ist. Daraus folgt eine Fülle von nicht zu einem Interview führenden Einladungen an Mobilfunknummern, hinter denen sich ein nicht internetfähiges Endgerät verbirgt (was zudem die Unterscheidung von Nonresponse und neutralen Ausfällen erschwert). Um die Anzahl der Anrufversuche durch einen Live-Interviewer bzw. die Anzahl der vergebens versendeten MMS gering zu halten, liegen bisher jedoch keine kosteneffizienten Methoden vor.

Im Vergleich zu den Festnetznummern (mit Ausnahme persönlicher Telefonnummern aus dem Vorwahlbereich 0700) beinhalten die Mobilfunknummern keinerlei Hinweise auf die räumliche Zuordnung des Telefonteilnehmers. Entsprechend ist eine regionale Schichtung zur Verbesserung der Stichprobenqualität oder auch eine geographische Überrepräsentation bestimmter Teilpopulationen (sofern notwendig) auf Basis von Mobilfunknummern derzeit nicht möglich. Allenfalls der Netzbetreiber (wenn von der Rufnummernportabilität abgesehen wird) und die Art des Handys (Vertrag, Prepaid) lassen sich aus der Vorwahl der Mobilfunknummer ermitteln, und entsprechend ist eine Schichtung nach Prepaid- und

Vertrags-Handys möglich. Aufgrund der Tatsache, dass einige Mobilfunknetzbetreiber regionale Schwerpunkte haben, kann man zudem eine gewisse regionale Schichtung erreichen, was den Design-Effekt günstig beeinflusst – sofern die untersuchten Merkmale mit diesen Schichtungskriterien korrelieren.

(3) Nonresponse-Error: Die etablierten Methoden der telefonischen Befragung sind in nicht unwesentlichem Ausmaß von Noncontact-Problemen und Verweigerungen betroffen (vgl. die Ausführungen im Kapitel 1). Aufgrund des spezifischen Charakters des Mobile Web Survey, bei dem die Kontaktierung der potentiellen Befragten mit Hilfe mobiler Endgeräte geschieht, ist mit der Verwendung dieser Technik die Hoffnung verbunden, Noncontact-Probleme insbesondere unter den mobilen und daher schwer erreichbaren Teilpopulationen zu verringern. Zwar ist die je spezifische Wirkung der verschiedenen Einladungsformen – mit Hilfe eines Anrufs eines humanen Interviewers, durch Übersendung einer MMS oder durch Verschicken einer SMS (oder einer Kombination davon) – bisher nicht ausgetestet worden (erste Versuche mit SMS bei Neubarth et al., 2005 und Steeh, Buskirk & Callegaro, im Erscheinen). Allein die Tatsache, dass verschiedene Einladungsmodi möglich sind, weckt aber die Hoffnung auf verringerte Noncontact- und Verweigerungs-Raten. Nachfassaktionen und Reminder sind zwar mit zum Teil erheblichen Kosten verbunden – insbesondere Anrufe von Interviewern und der Versand von MMS treiben die Kosten in die Höhe –, doch bietet, anders als bei der Einladung zur klassischen Online-Befragung mit Hilfe einer E-Mail, der Mix von verschiedenen Einladungswegen die Chance einer erhöhten Aufmerksamkeit zumindest für einen der genutzten Kanäle.

Ob und in welchem Umfang im Rahmen von Mobile Web Survey Verweigerungen auftreten, lässt sich kaum antizipieren. Allerdings ist schon aus den E-Mail-Einladungen zu Online-Befragungen bekannt (z. B. Sutton & Hopkins-Burke, 2006), dass diese von Befragten relativ leicht gelöscht werden. Anders als eine Einladung per Telefonanruf, bei der die soziale Kommunikation zwischen Interviewer und Befragten einen gewissen Verbindlichkeitscharakter aufweist, und anders als bei Einladungen per Post, bei der der Einladungsbrief die Chance hat, mehrfach zur Kenntnis genommen zu werden, sind SMS und MMS relativ leicht zu löschende Einladungen zur Teilnahme an einer Befragung mit geringem und nicht sehr nachhaltigem Aufforderungscharakter. Für die weitere Forschung ergibt sich daraus die Frage, ob die Einladung zu einem Mobile Web Survey zumindest durch einen Anruf eines Interviewers angekündigt werden sollte, damit die darauf folgende SMS mit der URL zur Befragung eine erhöhte Aufmerksamkeit und wahrgenommene Legitimität seitens des Befragten erfährt. Sollte sich nämlich herausstellen, dass SMS und

MMS als Formen der Einladung einen zu geringen Verbindlichkeitscharakter aufweisen, könnte der dadurch entstehende Nonresponse die erhofften Vorteile beim Noncontact mehr als überwiegen.

Während telefonische Befragungen im Mobilfunknetz darunter leiden, dass sich die Befragten zum Zeitpunkt des Interviews in einer für den Interviewer bzw. den Forscher unbekannten und unvorhersehbaren Situation befinden, in der die Beantwortung eines Fragebogens unter Umständen aufgrund von Mithörenden unter den Umstehenden nicht möglich oder opportun erscheint, bietet das Mobile Web Survey durch seine „Sprachlosigkeit" (zumindest in der Phase der Beantwortung der Fragen) die Chance, dass der Fragebogen auch in Gegenwart Fremder bearbeitet wird. Außerdem bleibt – anders als bei klassischen telefonischen Befragungen – die Aufforderung und Einladung zur Teilnahme an der Untersuchung als SMS im Speicher des Mobilfunkgerätes stehen (sofern sie nicht gelöscht wird), so dass der Befragte die Chance hat, den Fragebogen zu einem für ihn günstigen Zeitpunkt zu öffnen und zu bearbeiten. Die für die Befragten damit steuerbare Befragungssituation sollte deren Neigung zur Teilnahme an der Untersuchung erhöhen.

Allerdings liegen bisher keine Erfahrungen darüber vor, welche Themen und Fragestellungen sich für eine Befragung im mobilen Internet eignen; denkbar ist, dass besonders heikle Themen in der als ungeschützt wahrgenommenen Umgebung außerhalb der eigenen Wohnung weniger gern bearbeitet werden. Damit stellt sich für die Forschung die Frage, die Rolle verschiedener Lokalitäten und Räume zu untersuchen und ihren Einfluss auf die Bereitschaft zum Beginn, zur Fortsetzung bzw. bei der Wiederaufnahme eines Fragebogens zu bestimmen. Als Vorteil für das Mobile Web Survey kann aber auf jeden Fall verbucht werden, dass der Fragebogen nicht in einem Stück beantwortet werden muss sondern dass Unterbrechungen jederzeit möglich sind. Sofern es sich um einen Fragebogen – wie in klassischen Online-Befragungen üblich – mit PIN- oder Passwortschutz handelt, kann sich der Befragte jederzeit wieder in die Untersuchung einloggen und die Bearbeitung des Fragebogens an der Stelle fortsetzen, an der diese zuvor unterbrochen wurde. Allerdings muss beachtet werden, dass die Eingabe eines PINs oder Passworts mit der bei Mobilfunkgeräten in der Regel verfügbaren 10-Tasten-Tastatur mühsam ist und potenziell abschreckend wirkt.

Gegenüber klassischen selbst-administrierten Befragungen mit Papierfragebögen (schriftliche Befragung, postalische Befragung) zeichnet sich die traditionelle Internetbefragung durch relativ kurze Feldphasen und einen hohen Anteil des gesamten Rücklaufs in den ersten Tagen nach der Aussendung der Einladung aus. Die Rücklaufkurven von Internetbefragungen sind durch einen Peak unmittelbar nach Aussendung und von einem zügigen Abfallen der Häufigkeiten gekennzeichnet. Dies wird im wesentlichen auf die Nutzungsgewohnheiten der Befragten zurückgeführt, die relativ häufig ihre E-Mails überprüfen und dann ad hoc entscheiden, ob sie die Befragung bearbeiten oder nicht. Vor dem Hintergrund der in noch kürzeren Zyklen verlaufenden Nutzung von Mobilfunkgeräten kann man vermuten, dass dieser Trend beim Mobile Web Survey noch ausgeprägter in Erscheinung tritt. Welche Konsequenzen dies für die Ausschöpfungsquoten und die Notwendigkeit von Nachfassaktionen und Erinnerungen hat, lässt sich derzeit nicht absehen. Allerdings kann man vermuten, dass das Mobile Web Survey zunächst mit einem gewissen Neugkeitsbonus rechnen kann, der bei wiederholter Befragung der gleichen Personen möglicherweise abflacht oder sogar ganz verschwindet.

Wie bei traditionellen telefonischen Befragungen auch, stellt sich das Problem der Übermittlung von Incentives: Nachdem in der Regel keine Postadressen der Befragten bekannt sind, stehen für die Motivation der Befragten lediglich elektronische Incentives zur Verfügung. Dafür kommen etwa Gutscheine für Versandhandelsgeschäfte oder aber Zahlungen auf das Mobilfunkkonto der Antwortenden in Frage. Welche administrativen Kosten damit verbunden sind und welche Effekte eine Incentivierung tatsächlich hat, lässt sich für das Mobile Web Survey auf derzeitigem Stand der Kenntnisse nicht abschätzen.

(4) Measurement-Error: Gegenüber der klassischen Online-Befragung zeichnet sich das Mobile Web Survey durch eine stärkere Präsenz eines Interviewers in der Anbahnungsphase der Befragung aus. Entweder wird der potenzielle Befragte von einem Interviewer angerufen, oder aber durch eine MMS – also einen auf Video aufgezeichneten Interviewer – zur Teilnahme an der Untersuchung aufgefordert. Die Auswirkungen der Präsenz des Interviewers in der frühen Phase der Interviewanbahnung können bisher nicht abgeschätzt werden. Es kann aber spekuliert werden, dass diese Methode wegen der Präsenz eines Interviewers eher für Auswirkungen sozial erwünschter Antworten bzw. für Over- und Underreporting anfällig ist als die klassische Internetbefragung. Im Vergleich zu etablierten telefonischen Befragungen sollten aber Messfehler, die auf die Anwesenheit eines Interviewers in der Erhebungssituation zurückzuführen sind, schwächer ausgeprägt sein – die Beantwortung der Frage selbst erfolgt ja selbst-administriert.

Andererseits ist die Bearbeitung des Online-Fragebogens mit Hilfe des mobilen Endgerätes durch eine Reihe von Restriktionen behindert, die die Messung möglicherweise negativ beeinflussen: Dazu gehört zunächst die nach wie vor sehr kleine Bildschirmgröße der in mobile Endgeräte eingebauten Displays. Deren Größe ist nach derzeitigem Stand der Technik weit von der VGA-Auflösung entfernt (Bates & Ramsey, 2004; Tjostheim, 2005), die für die Durchführung von Online-Befragungen als unterste Grenze des Brauchbaren angesehen werden kann. Abgesehen von sehr wenigen High-End-Geräten muss man derzeit mit Bildschirmauflösungen von unter 200x200 Pixel zurechtkommen. Da die

Geräte zudem sehr unterschiedliche Standards beim Display bieten, muss sich der HTML-Fragebogen an der unteren Grenze des auf den kleineren Bildschirmen Darstellbaren orientieren. Die Bildschirmausschnitte aus der Demoapplikation (vgl. Abb. 2 in Kapitel 3) verdeutlichen bereits, dass der Bildschirminhalt durch die Größe der Displays sehr beschränkt ist. Will man auf vertikales und/oder horizontales Scrollen der Benutzer verzichten – was sich in interaktiven Online-Befragungen als Standard durchgesetzt hat (vgl. Peytchev, Couper & McCabe, 2006) – ist bei der Fragekonstruktion sowohl auf eine begrenzte Länge des Fragetextes wie auch auf eine überschaubare Anzahl von Antwortkategorien zu achten. Damit aber kommen nur spezifische, wenig komplexe Frageinhalte für die Darstellung auf einem mobilen Endgerät in Frage.

Neben der Präsentation der Fragen und ihrer Antwortkategorien wird auch die Benutzereingabe durch die mobilen Endgeräte eingeschränkt: Die überwiegende Mehrzahl der Handys verfügt außer den 10 Tasten für die Zifferneingabe und den Tasten für die Bedienung des Mobilfunkgerätes in der Regel nicht über weitergehende Navigationshilfen. MDAs und Organizer bieten unter Umständen noch einen Pen oder Stick, aber die in klassischen Online-Befragungen sehr stark eingesetzte Maus ist bei mobilen Endgeräten in der Regel nicht verfügbar. Damit wird zum einen die Navigation im Fragebogen und zum anderen die Auswahl der jeweiligen Antwortkategorie erschwert. Hinzu kommt, dass nur ein Teil der mobilen Endgeräte die Texteingabe mit Hilfe einer Tastatur unterstützt. Während klassische Online-Befragungen auf die QWERTZ-Tastatur als wichtigstes Eingabemedium neben der Maus setzen, stehen bei mobilen Endgeräten nur bei den höherwertigen und größeren Produkten Tastaturen zur Verfügung (einige MDAs und Organizer). Bei den klassischen Handys steht lediglich die Multitab-Methode bzw. T9 als Texteingabemechanismus mit Hilfe der 10 Zifferntasten zur Verfügung. Welche Auswirkungen dies auf die Reichhaltigkeit von Texteingaben hat und ob offene Fragen, die Ziffern und/oder alpha-numerische Eingaben erfordern, überhaupt in mobilen Internetbefragungen anwendbar sind, ist bisher vollkommen unklar.

Aufgrund der geringen Bildschirmgröße ist zudem zu vermuten, dass Einflüsse, die sich aus der Umgebung des Ortes, an dem die Befragung bearbeitet wird, ergeben, einen stärkeren Einfluss auf den Befragten haben, als dies bei klassischen Online-Befragungen der Fall ist, die häufig am heimischen Computer oder aber am Arbeitsplatz ausgefüllt werden. Neben der fehlenden Maus und der fehlenden QWERTZ-Tastatur, die die Navigation im Fragebogen und die Eingabe der Antworten erschweren, sollten auch Einflüsse aus der Umgebung des Befragungsorts einen stärker ablenkenden Einfluss auf den Befragten haben. Ob dies zu einer segmentierteren Wahrnehmung des Fragebogens führt (wie das für Online-Befragungen bereits diskutiert wurde, vgl. Fuchs, 2003) oder aber Antwortfehler provoziert, die in anderen Befragungsmodes in geringerem Umfang oder gar nicht auftreten, kann an dieser Stelle nur spekuliert werden.

5   Ausblick

Auf Basis der vorliegenden Literatur und der hier ansatzweise geführten Diskussion ergibt sich noch kein vollständiges Bild der Komponenten des Total Survey Errors für das Mobile Web Survey. Weder haben wir eine angemessene Vorstellung von der Durchführbarkeit von Mobile Web Surveys und der dadurch involvierten Komponenten des Total Survey Errors noch ist eine vergleichende Analyse des Mobile Web Surveys im Kontrast zu anderen Umfragemodes möglich. Die in dem vorliegenden Papier angedeuteten methodologischen Überlegungen mögen jedoch als vorläufiger Fahrplan für die Durchführung erster Experimente dienen, auf deren Basis eine methodische Evaluation dieser Datenerhebungsmethode sinnvoll möglich ist. Im Zuge dieser Experimente kann sich dann durchaus auch herausstellen, dass die hier vorgeschlagene Koppelung von Einladung per Interviewer und Durchführung als selbst-administrierte Befragung bei weitem nicht die sinnvollste Kombination darstellt: Denkbar ist durchaus, dass unter Einbeziehung der Video-Telefonie weitere Elemente der Interview-Administration in diesen Survey-Mode eingebaut werden. Vorstellbar ist beispielsweise auch, dass ein Interviewer die ersten Passagen des Fragebogens als telefonische Befragung administriert und den Interviewpartner erst dann auf die selbst-administrierte Befragung mit Hilfe des Mobile Web Surveys „umschaltet" (analog zu IVR).

Durchaus erwägenswert ist auch die Unterstützung des Frage-Antwort-Prozesses durch humane Interviewer und/oder animierte Agents, die den Befragten bei Unklarheiten oder anderen Problemen bei der Beantwortung des Fragebogens zur Seite stehen (vgl. Conrad & Schober, 2007). Diese Unterstützung kann entweder befragten-initiiert erfolgen, indem der Befragte um Unterstützung durch einen Agenten oder Interviewer bittet. Alternativ kann eine solche Unterstützung aber auch durch das Befragungssystem initiiert werden, wenn aufgrund des Befragten-Verhaltens vermutet werden kann, dass dieser Schwierigkeiten mit der Beantwortung des Fragebogens hat oder aber Motivationsprobleme vorliegen (etwa nach einer längeren Zeit der Passivität im Fragebogen; vgl. Conrad, Schober & Coiner, 2007). Und in einer weiteren Steigerung wäre denkbar, dass alle Fragen des Erhebungsinstrumentes von einem Interviewer, einem aufgezeichneten Interviewer oder von einem animierten Agent administriert werden, so dass der Befragte nicht nur in der Anbahnungsphase oder im Falle eines Problems mit dem Fragebogen durch einen Interviewer oder Agent unterstützt wird sondern bei der Beantwortung jeder einzelnen Frage (Video-Telefonie).[2]

Während die bisher angedeuteten Erweiterungsmöglichkeiten vor allem die Unterstützung von Fragetext- und Antwortkategorie und damit des Frage-Antwort-Prozesses durch einen Interviewer oder Agent in den Blick genommen haben, ist durchaus denkbar, auch die Frage-Stimuli selber von der reinen Textbasierung (einerlei, ob nun mündlich oder schriftlich präsentiert) zu lösen und multimediale Bewertungsobjekte in die Befragung zu integrieren.

Bisher ist aber nicht einmal das Mobile Web Survey in seiner basalen in diesen Text ausgebreiteten Variante ausreichend methodologisch erforscht worden. Als Folge davon basiert ein Großteil der eher spekulativen Aussagen auf Ergebnissen und Befunden verwandter Umfrage-Modes. Daher versteht sich dieses Paper in erster Linie als Einladung zur Diskussion über die möglichen Vor- und Nachteile dieses Survey-Modes und zugleich als Aufforderung, feldexperimentelle Überprüfungen und Labortests durchzuführen, um die methodischen Implikationen mit Blick auf den Total Survey Error zu überprüfen. Sollte sich das Mobile Web Survey in absehbarer Zukunft in der Marktforschung wie der akademischen Forschung als Datenerhebungsmethode etablieren, wäre die Methodenforschung nicht ganz so unvorbereitet, wie bei der Entwicklung der Online-Befragung vor etwa 10 Jahren.

Literatur

ADM, Arbeitskreis Deutscher Markt- und Sozialforschungsinstitute e.V. (2005). *Jahresbericht 2005*. Frankfurt a.M.

Bacon-Shone, J. & Lau, L. (2006). *Mobile vs. Fixed-line Surveys in Hong Kong*. Paper presented at the 2nd International Conference on Telephone Survey Methodology, Miami, USA.

Bates, I. & Ramsey, B. (2004). *Developing a Mobile Transportation Survey System. Mobile Transportation Survey Systems* (manuscript).

Binson, D., Canchola, J. & Catania, J. (2000). Random selection in a national telephone survey: a comparison of the Kish, next-birthday, and last-birthday methods. *Journal of Official Statistics, 16*, 53-59.

---

2   Derzeit arbeiten wir an einer Pilotstudie zur Machbarkeit und ersten feldexperimentellen Überprüfung multimedialer Elemente in Online-Befragungen.

Brick, M., Dipko, S., Presser, S., Tucker, C. & Yaun, Y. (2006). Nonresponse bias in a dual frame sample of cell and landline numbers. *Public Opinion Quarterly, 70, special issue*, 780-793.

Buskirk, T. & Callegaro, M. (2007). *Mobile phone sampling* (manuscript for publication).

Callegaro, M., & Poggio, T. (2005). Where can I call you? The "mobile (phone) revolution" and its impact on survey research and coverage error: A discussion of the Italian case. In C. van Dijkum, J. Blasius & C. Durand (Hrsg.), Recent developments and applications in social research methodology. Proceedings of the RC 33 Sixth International Conference on Social Science Methodology, Amsterdam 2004 [CD-ROM]. Leverkusen-Opladen, Germany: Barbara Budrich.

Callegaro, M., & Buskirk, T. D. (2007). Cell phone sampling. In P. J. Lavrakas (Hrsg.), *Encyclopedia of survey research methods*. Newbury Park: Sage (im Erscheinen).

Callegaro, M., Steeh, C., Buskirk, T., Vehovar, V., Kuusela, V. & Piekarski, L. (2007). Fitting Disposition Codes to Mobile Phone Surveys: Experiences from Studies in Finland, Slovenia, and the United States. *Journal of the Royal Statistical Society, Series A* (im Erscheinen).

Conrad, F. & Schober, M. (Hrsg.) (2007). *Envisioning the Future of Survey Interviews*. New York: Wiles.

Conrad, F., Schober, M. & Coiner, T. (2007). Bringing features of human dialogue to Web surveys. *Applied Cognitive Psychology, 21*, 1-23.

Couper, M. (2000). Web Surveys. A Review of Issues and Approaches. *Public Opinion Quarterly, 64*, 464-494.

Curtin, R., Presser, S. & Singer, E. (2005). Changes in Telephone Survey Nonresponse over the Past Quarter Century. *Public Opinion Quarterly, 69*, 87-98.

Dillman, D. (2000). *Mail and Internet Surveys. The Tailored Design Method* (2nd ed.). New York: Wiley.

Engel, U., Pötschke, M., Schnabel, C. & Simonson, J. (2004). *Nonresponse und Stichprobenqualität. Ausschöpfung in Umfragen der Markt- und Sozialforschung*. Arbeitskreis deutscher Markt- und Sozialforschungsinstiute: Frankfurt a. M.

Engel, U. & Schnabel, C. (2004). *ADM-Projekt: Möglichkeiten der Erhöhung des Ausschöpfungsgrades in Umfragen der Markt- und Sozialforschung. Recherche und Metaanalyse des Forschungsstandes*. Bremen (Projektbericht).

Enright, A. (2006). Make the Connection: Recruit for online surveys offline as well. *Marketing News, 40*(6), 21-22.

Fuchs, M. (2002a). Kann man Umfragen per Handy durchführen? Ausschöpfung, Interview-Dauer und Item-Nonresponse im Vergleich mit einer Festnetz-Stichprobe. *Planung & Analyse, 2*, 57-63.

Fuchs, M. (2002b). Eine CATI-Umfrage unter Handy-Nutzern. Methodische Erfahrungen aus einem Vergleich mit einer Festnetz-Stichprobe. In S. Gabler & S. Häder (Hrsg.), *Methodische Probleme bei Telefonstichprobenziehung und -realisierung* (S. 121-137). Münster: Waxmann,.

Fuchs, M. (2003). Kognitive Prozesse und Antwortverhalten in einer Internet-Befragung. *Österreichische Zeitschrift für Soziologie, 28*(4), 19-45.

Fuchs, M. (2005). *Mobile Web Survey.* Paper presented at the National Science Foundation Workshop, November 2005, Ann Arbor, MI.

Gabler, S. & Häder, S. (1997). Überlegungen zu einem Stichprobendesign für Telefonumfragen in Deutschland. *ZUMA-Nachrichten, Nr. 41,* 7-19.

Göritz, A. S. (2003). Online-Panels. In A. Theobald, M. Dreyer & T. Starsetzki (Hrsg.) *Online-Marktforschung - Theoretische Grundlagen und praktische Erfahrungen* (S. 227-240). 2. vollständig überarbeitete und erweiterte Auflage, Wiesbaden: Gabler.

Groves, R. (2006). Nonresponse rates and nonresponse bias in household surveys. *Public Opinion Quarterly, 70,* (special issue), 646-675.

Groves, R., Fowler, F., Couper, M., Lepkowski, J., Singer, E. & Tourangeau, R. (2004). *Survey Methodology.* New York: Wiley.

Häder, S. & Gabler, S. (2006). Neue Entwicklungen bei der Ziehung von Telefonstichproben in Deutschland. In F. Faulbaum & C. Wolf (Ed.), *Stichprobenqualität in Bevölkerungsumfragen* (S. 11-18). IZ-Sozialwissenschaften: Bonn.

de Leeuw, E., de Heer, W. (2001). *Trends in Household Survey Nonresponse: A longitudinal and international Comparison.* New York: Wiley.

Mitofsky, W. (1970). *Sampling of telephone households.* New York (Manuskript).

Neubarth, W., Bosnjak, M., Bandilla, W., Couper, M. & Kaczmirek, L. (2005). *Prenotification in online access panel surveys: E-mail versus mobile text messaging (SMS).* Paper presented at the Consumer Personality & Research Conference 2005, Dubrovnic.

Keeter, S., Miller, C., Kohut, A., Groves, R. & Presser, S. (2000). Consequences of reducing nonreponse in a national telephone survey. *Public Opinion Quarterly, 64,* 125-148.

Kuusela, V. & Notkola, V. (2005). *Survey Quality and Mobile Phones.* JPSM manuscript.

Kuusela, V., Callegaro, M. & Vehovar, V. (2007). Influence of Mobile Telephones on Telephone Surveys. In J. M. Lepkowski, C. Tucker, J. M. Brick, E. de Leeuw, L. Japec, P. J. Lavrakas, M. W. Link & R. L. Sangster, *Advances in Telephone Survey Methodology.* New York: Wiley.

Merkle, D. & Edelmann, M. (2002). Nonresponse in exit polls: a comprehensive analysis. In R. Groves, D. Dillman, J. Eltridge, & R. Little (Hrsg.), *Survey Nonresponse* (S. 243-258). New York: Wiley.

Neubarth, W., Bosnjak, M., Bandilla, W., Couper, M. & Kaczmirek, L. (2005). *Prenotification in Online Access Panel Surveys: E-mail versus Mobile Text Messaging (SMS)*. Vortrag auf der Consumer, Personality & Research Conference 2005, 20-24 September 2005, Dubrovnik, Kroatien.

Peytchev, A., Couper, M. P., McCabe, S. E. & Crawford, S. D. (2006). Web Survey Design: Paging versus Scrolling. *Public Opinion Quarterly, 70*, 596-607.

Schonlau, M., Zapert, K., Simon, L. P., Sanstad, K., Marcus, S., Adams, J., et al. (2003). A Comparison Between Responses from a Propensity-Weighted Web Survey and an Identical RDD Survey. *Social Science Computer Review, 21*, 1-11.

Schonlau, M., van Soest, A., Kapteyn, A., Couper, M. & Winter, J. (2004). *Attempting to adjust for selection bias in Web surveys with propensity scores: the case of the Health and Retirement Survey (HRS)*. Proceedings of the Survey Research Methods Section, American Statistical Association, 2004.

Shermach, K. (2005). On-The-Go Polls. *Sales & Marketing Management, 157*(6), 1-20.

Steeh, C., Buskirk, T. & Callegaro, M. (im Erscheinen). Using text messages in U.S. mobile phone surveys. *Field Methods*.

Steeh, C. & Piekarski, L. (2006). *Accommodating New Technologies: The Rejuvenation of Telephone Surveys*. Presentation on the occasion of the Second International Conference on Telephone Survey Methodology, Miami, FL.

Sutton A. & Hopkins-Burke, K. (2006). *Online Survey Response Patterns*. Präsentation bei der GOR 2006.

Tjostheim, I. (2005). *Mobile self-interviewing. An Opportunity for Location bases marked Research. Are Privacy Concerns a showstopper?* Paper resented at a workshop of the Association for Survey Computing.

Tortora, R. D. (2004). Response Trends in a National Random Digit Dial Survey. *Metodološki zvezki, 1*, 21-32.

Townsend, L. (2005). The Status of Wireless Survey Solutions: The Emerging "Power of the Thumb". *Journal of Interactive Advertising, 6*, 52-58.

Vehovar, V., Dolnicar, V., Lozar Manfreda, K (2005). Internet Survey Methods. In S. Best & B. Radcliff (Hrsg.), Polling America. An Encyclopaedia of javascript:favorites('11391','0','12');Public Opinion (S. 368-374). London: Greenwood.

Waksberg, J. (1978). Sampling methods for random digit dialling. *Journal of the American Statistical Association, 73*, 40-46.

Autorenverzeichnis

H. ÖZTAS AYHAN, PhD, ist Professor für angewandte Statistik am Department of Statistics, Faculty of Arts and Sciences an der Middle East Technical University. Seine Forschungsinteressen liegen auf den Gebieten: Survey sampling techniques, Survey methods research, Design & analysis of complex sample surveys, Official statistics, Census methodology & undercount research, Statistical data quality, Measurement error in surveys, Web surveys, Categorical data analysis, Longitudinal data analysis, Statistical indicators. Er arbeitet mit internationalen Organisationen zusammen und hielt Workshops und Vorträge in verschiedenen Ländern. (Email: OAyhan@metu.edu.tr)

MAREK FUCHS, * 1964 in Berlin, Prof. Dr. rer. pol., Diplom-Soziologe. Studium in Bielefeld und München, Promotion in Kassel, Post-Doc in Michigan (USA), Habilitation in Eichstätt. Seit Juni 2004 Professor für empirische Sozialforschung mit Schwerpunkt Bildungsforschung am Fachbereich Gesellschaftswissenschaften der Universität Kassel. Aktuelle Forschungsinteressen: Fragebogenkonstruktion, Online-Surveys, Mobile-Surveys. (Email: marek.fuchs@uni-kassel.de)

SIEGFRIED GABLER ist Chief Statistician bei GESIS-ZUMA und Privatdozent an der Universität Mannheim. Sein Hauptforschungsgebiet umfasst die Auswahl von Stichproben in Theorie und Praxis. Unter anderem ist er Mitglied im Sampling Expert Panel des European Social Survey, Mitantragsteller in einem DFG-Projekt zu Telefonbefragungen in der Allgemeinbevölkerung über das Mobilfunknetz und stellvertretender Projektleiter in dem Forschungsauftrag: Methodische Entwicklung einer ergänzenden Stichprobenerhebung im Rahmen eines registergestützten Zensus. (Email: siegfried.gabler@gesis.org)

AXEL GLEMSER (Jahrgang 1971) studierte an der Albert-Ludwigs-Universität zu Freiburg im Breisgau Wissenschaftliche Politik und Geographie. Von 1994 bis 1998 war er Mitglied der „Arbeitsgruppe Wahlen Freiburg". Seit 1999 ist er beschäftigt als Statistiker bei TNS Infratest, seit 2002 dort Gruppenleiter „Stichproben & Datenbanken München", seit 2006 Abteilungsleiter „Stichproben und Gewichtung Deutschland". (Email: Axel.Glemser@tns-infratest.com)

SABINE HÄDER, Dr. oec, Studium der Statistik und Wirtschaftswissenschaften in Berlin, 1987-1991 Institut für Soziologie und Sozialpolitik Berlin, seit Januar 1992 Statistikerin am ZUMA Mannheim. Convenor des Sampling Expert Panel des European Social Survey. Aktuelle Forschungsinteressen: Stichproben, insbesondere für Telefonumfragen und interkulturell vergleichende Studien. (Email: sabine.haeder@gesis.org)

CHRISTIANE HECKEL (Dipl.-Sozialwirtin) leitet den Bereich Stichproben bei BIK ■ ASCHPURWIS + BEHRENS GmbH und ist damit verantwortlich für den Auf- und Ausbau der ADM (Arbeitskreis deutscher Marktforschungsinsitute)- CATI-Telefonauswahlgrundlage als auch für die ADM-Face-to-Face-Auswahlgrundlage. Im letzten Jahr dazu gekommen sind auch die CATI-Auswahlgrundlagen Schweiz und Österreich. (Email: heckel@bik-gmbh.de)

HERMANN HOFFMANN ist Division Manager im Bereich Mediaforschung der Ipsos GmbH in Hamburg. Er betreut hier vorrangig Reichweitenstudien und dazu ergänzend die Themen Stichprobe/Gewichtung und multivariate Statistik. (Email: Hermann.Hoffmann@Ipsos.de)

GERD MEIER ist Professor für Marktpsychologie und Methodenlehre an der Leuphana Universität Lüneburg. Er studierte Psychologie in Würzburg und München und promovierte am Max-Planck-Institut für Psychologische Forschung in München. Seine Forschungs- und Lehrgebiete umfassen Forschungsmethoden, Statistik, Marktforschung, Allgemeine Psychologie, Werbe- und Konsumentenpsychologie. (Email: meier@uni-lueneburg.de)

MICHAEL SCHNEID Diplom-Soziologe, mehrere Jahre als Studienleiter im Marktforschungsbereich tätig, anschließend wissenschaftlicher Mitarbeiter beim Zentrum für Umfragen, Methoden und Analysen (ZUMA). Die technische und praktische Durchführung telefonischer sowie insbesondere computergestützte Datenerhebungsformen sind seine Arbeitsschwerpunkte. (Email: michael.schneid@gesis.org)

GÖTZ SCHNEIDERAT (Dipl. –Soziologe) ist beschäftigt als Projektmitarbeiter im DFG Projekt: „Telefonbefragungen in der Allgemeinbevölkerung über das Mobilfunknetz" an der Technischen Universität Dresden. Er arbeitet auf dem Gebiet empirischen Sozialforschung, insbesondere der Umfrageforschung, Fragebogenentwicklung, Evaluation und der computergestützten Telefonbefragung. (Email: Goetz.Schneiderat@mailbox.tu-dresden.de)

ANGELIKA STIEGLER Diplom-Soziologin, ist wissenschaftliche Mitarbeiterin im Telefonlabor am Zentrum für Umfragen, Methoden und Analysen (ZUMA). Schwerpunkte sind praktische wie technische Aspekte der telefonischen Datenerhebung. (Email: angelika.stiegler@gesis.org)

ZUMA-Nachrichten Spezial

Die Reihe ZUMA-Nachrichten-Spezial dient dazu, den Forschungsstand größerer Arbeits- oder Forschungsbereiche bei ZUMA zu dokumentieren oder die Ergebnisse von Konferenzen und Symposien vorzustellen (http://www.gesis.org/Publikationen/Zeitschriften/ ZUMA_Nachrichten_spezial/). Bisher sind dreizehn Bände erschienen.

* * *

ZUMA- Nachrichten Spezial Band 1 (vergriffen)
Text Analysis and Computers
Hrsg. von Cornelia Züll, Janet Harkness und Jürgen H.P. Hoffmeyer- Zlotnik
Mannheim, ZUMA, 1996, 132 Seiten, ISBN 3-924220-11-5

Das Heft entstand im Anschluß an eine internationale Tagung zur computerunterstützten Textanalyse, bei der sich Wissenschaftler aus den verschiedensten Disziplinen trafen. Die hier abgedruckten Papiere der eingeladenen Hauptredner dokumentieren den Forschungs- stand in vier Bereichen: Computer-Assisted Content Analysis: An Overview *(E. Mergen- thaler)*; Computer-Aided Qualitative Data Analysis: An Overview (*U. Kelle*); Machine- Readable Text Corpora and the Linguistic Description of Language (*Chr. Mair*); Principle of Content Analysis for Information *Retrieval (J. Krause)*. Der Band ist auch als PDF-Datei im Internet verfügbar (http://www.gesis.org/publikationen/zuma_nachrichten_spezial/).

* * *

ZUMA-Nachrichten Spezial Band 2 (vergriffen)
Eurobarometer. Measurement Instruments for Opinions in Europe
Hrsg. von Willem E. Saris und Max Kaase
Mannheim: ZUMA 1997, ISBN 3-924220-12-3

In der Empirischen Sozialforschung finden in Europa Telefoninterviews anstelle von face to face-Interviews zunehmende Verbreitung. Im Rahmen der zweimal jährlich für die Europäi- sche Kommission in Brüssel durchgeführten Repräsentativbefragungen in den Mitgliedslän- dern der Europäischen Union, den sogenannten Eurobarometern, ergab sich für die Erhe- bung vom Frühjahr 1994 (EB 41.0) die Möglichkeit, durch eine zeitgleich mit einem weit- gehend identischen Fragenprogramm stattfindende Telefonbefragung in den damaligen zwölf Mitgliedsländern der EU, systematisch Effekte der unterschiedlichen Stichprobenansätze und Erhebungsmethoden zu untersuchen. Dabei konnte das Analysespektrum noch durch eine Telefon-Panelkomponente in dreien der zwölf EU-Länder für das face to face-Eurobarometer erweitert werden. Die Beiträge im vorliegenden Buch untersuchen auf dieser Grundlage methodische und methodologische Fragestellungen, die insbesondere für die international vergleichende Sozialforschung, aber auch für die Markt- und Meinungsforschung in Europa von großer Bedeutung sind. Der Band ist auch als PDF-Datei im Internet verfügbar (http://www.gesis.org/publikationen/zuma_nachrichten_spezial/).

ZUMA-Nachrichten Spezial Band 3
Cross-Cultural Survey Equivalence.
Hrsg. von J. Harkness
Mannheim: ZUMA 1998, 187 Seiten, ISBN 3-924220-13-1

This volume, the third in the ZUMA-Nachrichten-Spezial series on methodological issues in empirical social science research, is devoted to issues of cross-cultural methodology. The focus is on issues of equivalence, the key requirement in cross-national and cross-cultural comparative research. As the contributions indicate, equivalence is, however, better thought of in terms of equivalencies - in social science surveys and in other standardised instruments of measurement. Contributors come from different countries and continents and from widely differing research backgrounds, ranging from linguistics to survey research and its methodologies, to cultural anthropology and cross-cultural psychology. They are: Timothy P. Johnson, Fons J.R. van de Vijver, Willem E. Saris, Janet A. Harkness and Alicia Schoua-Glusberg, Michael Braun and Jacqueline Scott, Ingwer Borg: Peter Ph. Mohler, Tom W. Smith and Janet A. Harkness. This volume can be downloaded as a PDF file (http://www.gesis.org/publikationen/zuma_nachrichten_spezial/)

* * *

ZUMA-Nachrichten Spezial Band 4 (vergriffen)
Nonresponse in Survey Research
Hrsg. von A. Koch und R. Porst
Mannheim: ZUMA 1998, 354 Seiten, ISBN 3-924220-15-8

This volume, the fourth in the ZUMA-Nachrichten Spezial series on methodological issues in empirical social science research, takes up issues of nonresponse. Nonresponse, that is, the failure to obtain measurements from all targeted members of a survey sample, is a problem which confronts many survey organizations in different parts of the world. The papers in this volume discuss nonresponse from different perspectives: they describe efforts undertaken for individual surveys and procedures employed in different countries to deal with nonresponse, analyses of the role of interviewers, the use of advance letters, incentives, etc. to reduce nonresponse rates, analyses of the correlates and consequences of nonresponse, and descriptions of post-survey statistical adjustments to compensate for nonresponse. All the contributions are based on presentations made at the '8th International Workshop on Household Survey Nonresponse'. The workshop took place in September 1997 in Mannheim, Germany, the home base of the workshop host institute, ZUMA. Twenty-nine papers were presented and discussed, of which twenty-five are included here.

ZUMA-Nachrichten Spezial Band 5
A review of software for text analysis
Alexa Melina & Cornelia Zuell
Mannheim: ZUMA 1999, 176 Seiten, ISBN 3-924220-16-6

The book reviews a selection of software for computer-assisted text analysis. The primary aim is to provide a detailed account of the spectrum of available text analysis software and catalogue the kinds of support the selected software offers to the user. A related, more general, goal is to record the tendencies both in functionality and technology and identify the areas where more development is needed. For this reason the presented selection of software comprises not only fully developed commercial and research programs, but also prototypes and beta versions. An additional aspect with regards to the kinds of software reviewed is that both qualitative and quantitative-oriented types of research are included. Depending on research purposes and project design the text analyst can profit from available tools independently of their orientation. The following fifteen programs are reviewed: AQUAD, ATLAS.ti, CoAN, Code-A-Text, DICTION, DIMAP-MCCA, HyperRESEARCH, KEDS, NUD*IST, QED, TATOE, TEXTPACK, TextSmart, WinMAXpro, and WordStat and the criteria and methodology used for selecting them are delineated. Der Band ist auch als PDF-Datei im Internet verfügbar (http://www.gesis.org/publikationen/ zuma_nachrichten_spezial/).

* * *

ZUMA-Nachrichten Spezial Band 6
Sozialstrukturanalysen mit dem Mikrozensus
Hrsg. von Paul Lüttinger
Mannheim: ZUMA 1999, 402 Seiten, ISBN 3-924220-17-4

Im Oktober 1998 veranstaltete die Abteilung Mikrodaten von ZUMA die Konferenz "Forschung mit dem Mikrozensus: Analysen zur Sozialstruktur und zum Arbeitsmarkt", an der vorwiegend Nutzer des Mikrozensus teilnahmen. Hauptziel dieser ersten Nutzerkonferenz war es, ein Forum für den Informationsaustausch zwischen den Datennutzern und den statistischen Ämtern zu schaffen. Die mehr als 20 Vorträge gingen deutlich über die von den statistischen Ämtern veröffentlichten Standardergebnisse zum Mikrozensus hinaus und sind weitgehend in diesem Band ZUMA-Nachrichten Spezial abgedruckt. Die Autoren sind: Walter Müller; Karl Brenke; Esther Hansch und Michael-Burkhard Piorkowski; Friedhelm Pfeiffer; Jürgen Schupp, Joachim Frick, Lutz Kaiser und Gert Wagner; Elke Wolf; Dietmar Dathe; Bernd Eggen; Erich Stutzer; Carsten Baumann; Susanne von Below; Thomas Bulmahn; Martin Groß; Reiner H. Dinkel, Marc Luy und Uwe Lebok sowie Wolfgang Strengmannn-Kuhn. Der Band ist als PDF-Datei im Internet verfügbar (http://www.gesis.org/ publikationen/zuma_nachrichten_spezial/).

ZUMA-Nachrichten Spezial Band 7
Social and Economic Analyses of Consumer Panel Data
Georgios Papastefanou, Peter Schmidt, Axel Börsch-Supan,
Hartmut Lüdtke, Ulrich Oltersdorf (Eds.)
Mannheim: ZUMA 2001; 212 Seiten; CD-Rom

Eine von der Abteilung Einkommen und Verbrauch von ZUMA organisierte Arbeitsgruppe hat sich mit datentechnischem Handling und Analysepotential von komplexen Verbraucherpaneldaten, am Beispiel des ConsumerScan Haushaltspanels der Gesellschaft für Marktforschung (GfK, Nürnberg) beschäftigt und die Ergebnisse in einem Symposium im Oktober 1999 vorgestellt. Die überwiegende Zahl der vorgetragenen Arbeiten, die man als Werkstattberichte ansehen kann, sind in diesem Band abgedruckt. Neben einem detaillierten Einblick in die Praxis und das Datenerhebungsprogramm von Verbraucherpanels, wie sie z.B. bei der Marktforschungen der GfK unterhalten werden, enthält der Band z.B. Untersuchungen zu Fragen der Flexibilität von Preisbildungsvorgängen, des Lebensstils im alltäglichen Konsums, der Gesundheitsorientierung im Konsumverhalten, der Umweltorientierung und ihrer Umsetzung im Kauf alltäglicher Haushaltungsprodukte. Der Band enthält eine CD-ROM mit Dokumenten und Codebüchern der aufbereiteten ZUMA-Verbraucherpaneldaten 1995. Der Band ist auch als PDF-Datei im Internet verfügbar (http://www.gesis.org/ publikationen/zuma_nachrichten_spezial/).

* * *

ZUMA-Nachrichten Spezial Band 8
Von Generation zu Generation
Hrsg. von Jan van Deth
Mannheim: ZUMA 2002, 68 Seiten, ISBN 3-924220-23-9

Aus Anlass der Ehrung von Prof. Dr. Max Kaase, Prof. Dr. Walter Müller und Prof. Dr. Hansgert Peisert für ihre langjährige und richtungsweisende Mitarbeit in der Mitgliederversammlung des ZUMA e.V. fand am 14. Juni 2002 eine wissenschaftliche Tagung statt. Der Band enthält Beiträge von Jan van Deth, Hubert Feger, Jürgen Rost, Erwin K. Scheuch, Andreas Diekman und Hans-Dieter Klingemann. Die Beiträge sind auch online verfügbar (http://www.gesis.org/publikationen/zuma_nachrichten_spezial/.)

* * *

ZUMA-Nachrichten Spezial Band 9
QUEST 2003
Questionnaire Evaluation Standards
Peter Prüfer, Margrit Rexroth, Floyd Jackson Fowler, Jr. (Eds.)
Mannheim: ZUMA 2004, 216 Seiten, ISBN 3-924220-27-1

This volume, the ninth in the ZUMA-Nachrichten Spezial series on methodological issues in empirical social science research takes up issues of question and questionnaire evaluation. The papers in this volume discuss practical as well as theoretical aspects of questionnaire evaluation. All contributions are based on presentations made at the fourth QUEST (Questionnaire Evaluation Standards) conference which took place from October 21 - 23, 2003 at ZUMA in Mannheim. There were 26 attendees from 9 countries representing 14 organizations: Bureau of Labor Statistics, USA, Center for Survey Research, University of Massachusetts, USA, Institut für Demoskopie Allensbach, Germany, National Center for Health Statistics, USA, National Center for Social Rerearch, U.K., Office of National Statistics, U.K., Statistics Canada, Statistics Finland, Statistics Netherlands, Statistics New Zealand, Statistics Norway, Statistics Sweden, U.S. Census Bureau, ZUMA, Germany. This volume can be downloaded as a PDF file (http://www.gesis.org/publikationen/zuma_nachrichten_spezial/).

* * *

ZUMA-Nachrichten Spezial Band 10
Beyond the Horizon of Measurement
Festschrift in Honor of Ingwer Borg
Michael Braun & Peter Ph. Mohler (Eds.)
Mannheim: ZUMA 2006, 208 Seiten,
ISBN 3-924220-28-X / ISBN 978-3-924220-28-0

This volume was designed as a 'Festschrift' for Ingwer Borg, on the occasion of his 60th birthday. Collaborators and colleagues who work in the research areas of Ingwer Borg (in particular: multidimensional scaling, organizational and employee surveys) were approached to contribute to this book. A pdf version of this volume can also be downloaded from the internet (http://www.gesis.org/en/publications/magazines/zuma_special/index.htm).

* * *

ZUMA-Nachrichten Spezial Band 11
Methodological Aspects in Cross-National Research
Jürgen H.P. Hoffmeyer-Zlotnik & Janet A. Harkness (Eds.)
Mannheim: ZUMA 2005, 305 Seiten, ISBN 3-924220-29-8

The idea for this volume was born during the Six[th] International Conference on Social Science Methodology in Amsterdam in August 2004, organised by the International Sociological Association Research Committee 33 on Logic and Methodology. Most of the contributions in this volume are proceeding papers from the Amsterdam conference.

The contributions in this volume are organised in four parts. The first part deals with designing and implementing cross-cultural surveys. The second part consists of three papers that deal with different issues of comparability or "equivalence". The third part of the volume brings together papers on with harmonising socio-demographic information in different types of surveys. The last section of the volume contains papers that discuss individual socio-demographic variables in cross-national perspective. This volume can be downloaded as a PDF file from December 2007 on (http://www.gesis.org/publikationen/zuma_nachrichten_spezial/).

* * *

ZUMA-Nachrichten Spezial Band 12
Conducting Cross-National and Cross-Cultural Surveys
Papers from the 2005 Meeting of the International Workshop on
Comparative Survey Design and Implementation (CSDI)
Janet A. Harkness (ed.)
Mannheim: ZUMA 2006, 123 Seiten, ISBN 3-924220-31-X

The papers in this volume stem from the third annual meeting of the International Workshop on Comparative Survey Design and Implementation (CSDI). Initiated in 2002, the Workshop developed out of cross-cultural symposia held at ZUMA throughout the nineteen nineties. One of CSDI's primary goals is to promote research into methodological issues of particular and sometimes unique salience for cross-cultural and cross-national survey research. For more information visit the CSDI website (www.csdi-workshop.org).

The seven papers are good illustrations of the broad spectrum of research fields in which CSDI researchers are engaged. The volume begins and ends with two framework papers, the first discussing what makes cross-national research special, the last on where we begin to draw boundaries between entities to be compared in "comparative" research. The five remaining papers discuss (in order of the volume): the rich information available from the multinational European Social Survey on data collection; socio-demographic measurement and comparability in the cross-national context, again with reference to the European Social Survey; cognitive pre-testing of translated questionnaires; communicative issues across cultures in telephone interviews; and preliminary work on guidelines on using interpreters underway at the U.S. Census Bureau. The last-mentioned papers reflect research concerns in U.S. cross-cultural contexts. This volume can be downloaded as a PDF file from March 2007 on (http://www.gesis.org/publikationen/zuma_nachrichten_spezial/).

* * *

ZUMA-Nachrichten Spezial Band 13
Mobilfunktelefonie - Eine Herausforderung für die Umfrageforschung
Hrsg. von Siegfried Gabler und Sabine Häder
Mannheim: GESIS-ZUMA 2007, 135 Seiten, ISBN 978-3-924220-34-1

Etwa 45 Prozent aller Interviews in der Marktforschung werden in Deutschland gegenwärtig telefonisch durchgeführt (vgl. ADM 2007). Als Auswahlrahmen hat sich seit Ende der 1990er Jahre in Deutschland ein bei ZUMA entwickelter Frame (Gabler-Häder-Design) durchgesetzt, der sowohl in das Telefonbuch eingetragene wie auch nicht eingetragene Anschlüsse enthält, die über ein Ortsnetz erreichbar sind (Gabler/Häder 2002). In den letzten Jahren hat sich allerdings eine Tendenz angedeutet, die die alleinige Nutzung dieses Auswahlrahmens als unzureichend zur Abdeckung der Gesamtheit der Privathaushalte erscheinen lässt: Ein wachsender Anteil der Haushalte ist lediglich über Mobiltelefon erreichbar. Diese Haushalte haben bei telefonischen Umfragen keine positive Auswahlchance, sofern sie nicht über eine virtuelle Festnetznummer verfügen (z.B. O2). Damit kann es zu systematischen Verzerrungen in den Stichproben kommen, da sich Festnetzhaushalte und Mobilfunkhaushalte hinsichtlich für die Sozialforschung relevanter Merkmale unterscheiden. Deshalb sind Überlegungen über die Integration von Mobilfunkanschlüssen in Telefonstichproben notwendig. Diesem Thema war eine Tagung bei ZUMA im November 2006 gewidmet, deren Beiträge im vorliegenden Band gesammelt sind. Die Beiträge sind auch online verfügbar unter http://www.gesis.org/publikationen/zeitschriften/zuma_nachrichten_spezial/.

* * *